LA COCINA VEGETARIANA

EDICIONES NOBEL

ACADEMIA DE LA COCINA ESPAÑOLA

La Cocina
Vegetariana

EDICIONES
NOBEL

Segunda edición: abril, 2000

© **EDICIONES NOBEL, S.A.**
Ventura Rodríguez, 4. 33004 OVIEDO
e.mail: nobel@ed-nobel.es

ISBN: 84-89770-93-X

Producción: Cristina Carrera Noriega
Documentación: Josefina Covián, Eva María Rodríguez Ruiz
Diseño y maquetación: Consuelo Álvarez González
Fotografías: Alejandro Braña, Kike Llamas y Marcos Morilla
Impresión: EGEDSA
Depósito Legal: B-18 799-2000

Hecho en España

ÍNDICE

CALDOS, CREMAS Y SOPAS

VERDURAS

INTRODUCCIÓN

El consumismo en que nos hallamos inmersos ha condicionado nuestros hábitos alimenticios haciendo que la dieta habitual sea demasiado rica en azúcares, grasas animales y carnes. Ante ello, la cocina vegetariana es un modo alternativo de nutrirse que nace del respeto por la naturaleza y de la voluntad de adecuarse a sus reglas.

La buena salud no es un derecho adquirido sino la consecuencia de una libre decisión del sujeto: la de optar por una alimentación racional y equilibrada, poniendo en primer término los dictados de la naturaleza.

Así, el vegetarianismo sustituye la carne y el pescado por otros alimentos proteínicos igualmente idóneos para las necesidades de nuestro organismo y válidos desde el punto de vista nutricional.

En el mundo existen ya millones de personas que practican este tipo de alimentación, y aseguran que viven muy bien y gozan de buena salud, manteniéndose en forma, practicando ejercicio y desarrollando a pleno rendimiento sus actividades cotidianas.

HISTORIA

El origen del vegetarianismo se encuentra en las filosofías orientales y en las antiguas religiones hebrea, cristiana, hinduista y budista, que se ocupaban también del bienestar físico además del espiritual de sus adeptos.

Las hortalizas y las legumbres son los primeros productos alimenticios que conoció el hombre, y su consumo está presente en la alimentación tradicional de casi todos los pueblos de la Tierra.

Tanto en Grecia como en Egipto, eran uno de los principales alimentos de las clases populares. En Grecia las verduras más empleadas eran la lechuga, la endibia, el cardo, la alcachofa, el rábano, distintos tipos de col, el puerro y la cebolla. Solían comerse cocidas o crudas, aliñadas con aceite y vinagre. En Egipto, se comía cebolla, ajo, zanahoria, habas, lentejas y guisantes, que aún hoy constituyen sus principales productos de cultivo. El puré de habas era uno de los platos típicos de la cocina romana, y el principal alimento de los gladiadores. También eran comunes la col, el ajo, la cebolla y los espárragos.

A partir de la Edad Media, estos alimentos mantuvieron su popularidad, si bien pasaron a ser menos apreciados que las carnes, el bocado prohibido de la Cuaresma.

En la década que precedió a la II Guerra Mundial, debido a una demanda creciente, al mayor uso de fertilizantes y al avance en los procedimientos de conservación y transporte, la producción de hortalizas se incrementó en un 30%.

Las legumbres, consideradas un "plato para pobres" desde la Edad Media, han sufrido de mala prensa durante largo tiempo por su alto valor nutritivo —erróneamente confundido con elevado aporte calórico—.

Por fortuna, hoy las hortalizas y las legumbres han restablecido, al menos en parte, su tradicional prestigio, dadas sus grandes virtudes dietéticas, su variedad de sabores y su versatilidad culinaria.

COCINA EQUILIBRADA

La cocina vegetariana, digestiva y ligera, tiene por prioridad la protección de la salud. En las preparaciones vegetarianas se utilizan productos de la tierra que permiten una alimentación equilibrada en la que el placer de la elaboración se une al del sabor.

Vegetarianismo no sólo significa verduras al vapor o insípidas ensaladas, sino alimentos exquisitos, variados, completos, nutritivos y apetitosos gracias al perfume de hierbas aromáticas, al uso de verdura y fruta fresca, de pasta y arroz aderezados de forma sabrosa y ligera, y de ensaladas imaginativas.

Además, hoy en día existe una gran variedad de productos naturales en el mercado —azúcares, aceites, leches...—, que enriquecen considerablemente las recetas que aquí se exponen. Dejando abierta, por supuesto, la elección de este tipo de ingredientes en función de las costumbres y gustos alimenticios del vegetariano.

Resulta también muy importante la forma de cocinar, pues una temperatura demasiado elevada o una cocción muy prolongada priva a los alimentos de sus valores nutricionales, de las vitaminas y de las sales minerales.

Para evitar la pérdida de los valores nutritivos de los alimentos con cocciones erróneas o excesivamente prolongadas, hoy en día se puede recurrir al horno microondas y a la olla a presión, que son una excelente ayuda.

Los motivos por los que tantas personas se suman cada día a este tipo de alimentación son diversos. De los estrictamente higiénicos y de salud, a los económicos, religiosos o morales, pero pocos son los que una vez en el camino del vegetarianismo se vuelven atrás.

Quienes se pasan a este tipo de alimentación renuncian a la carne y al pescado en favor de cereales, legumbres, verduras y frutas e incluso huevos y lácteos, aprendiendo a cocinarlos de formas diversas y placenteras, desmintiendo el prejuicio de que se trata de una alimentación rica sólo en renuncias.

SALUD

Una dieta vegetariana equilibrada reduce los problemas derivados de los hábitos alimentarios de las sociedades occidentales. Evitar el excesivo consumo de carne, azúcares y grasas animales disminuye considerablemente enfermedades como el cáncer, la arteriosclerosis, el infarto, las alteraciones del metabolismo, los carcinomas intestinales, etc.

La sustitución de las grasas saturadas animales por las poliinsaturadas contenidas en los aceites vegetales reduce el nivel de colesterol en la sangre y, por tanto, el riesgo de cardiopatías. Los huevos, los cereales, las legumbres y las nueces son concentrados de proteínas y pueden procurar una nutrición aun más energética que la carne, y además la leche aporta el calcio necesario para defenderse de la osteoporosis y de los procesos degenerativos cerebrales.

DISTINTOS NIVELES DE VEGETARIANISMO

Hay diferentes formas de vegetarianismo, con aspectos particulares y característicos, que presentan desde el punto de vista médico diferentes ventajas e inconvenientes.

Los vegan

También llamados vegetalianos o veganistas, son los auténticos vegetarianos, los que rechazan incluso los huevos, la leche y sus derivados. Desde el punto de vista médico, el seguimiento de esta dieta conlleva la dificultad para combinar entre sí los aminoácidos procedentes sólo de fuentes vegetales y puede presentarse una carencia de vitamina B12 —que es la encargada de la renovación de la masa ósea— así como el riesgo concreto de incurrir en anemias.

Debido a la alta cantidad de fibras vegetales y a su pronta eliminación, el hierro resulta a la larga deficitario, por lo que, en caso de seguir esta dieta y para prevenir a tiempo posibles inconvenientes, se debe verificar regularmente el nivel de hierro en sangre.

Los crudistas

Son vegetarianos que rechazan todo tipo de cocción. Culpan al cocinado de alimentos de la pérdida de su contenido en proteínas, azúcares, grasas, sales minerales y vitaminas.

El calor de la cocción eleva las grasas a altas temperaturas que producen sustancias difícilmente digeribles y priva a los vegetales del 40-50% de vitaminas, mientras que las sales minerales solubles se dispersan en el agua.

La dieta de los crudistas es casi perfecta, higiénica y benéfica para el organismo. Estómago e hígado trabajan menos, la piel mejora, los dientes son más sanos, las uñas más resistentes y las funciones intestinales más regulares. Es óptima para quienes tienen problemas de línea y para quienes desean desintoxicarse. Además, comiendo abundantemente fruta y verdura crudas se ingieren grandes cantidades de fibra, lo que previene la formación de carcinomas intestinales.

La pequeña desventaja consiste en que estos sencillos alimentos requieren una presentación agradable a la vista, y por tanto, algo más de tiempo para su disposición en los platos.

En general, no existen contraindicaciones para el consumo de alimentos crudos, siempre que se observen algunas precauciones. La leche debe ser del tipo pasteurizado, pero no de larga conservación, y los huevos de garantizada frescura.

Debido a la alta cantidad de fibra que se produce al comer mucha fruta y verdura, puede cargarse excesivamente el intestino de material indigerible, con la consiguiente dificultad de absorción por parte del organismo de elementos útiles como vitaminas y sales minerales.

Los macrobióticos

El término macrobiótica deriva de las palabras griegas macros (grande) y bios (vida), es decir, una vida grande y extensa.

El padre de la macrobiótica, el japonés George Ohsawa, recopiló estos principios dietéticos de la filosofía japonesa, cuya base es el equilibrio entre las fuerzas Ying (acidez) y Yang (alcalinidad), aplicadas en el campo alimentario. Estas fuerzas deben fundirse en justo porcentaje para lograr una armonía en los alimentos que pueda convertirse en armonía de vida.

Los alimentos integrales han de consumirse de la forma más cercana posible a la original. El mayor equilibrio de sustancias nutritivas y fibras se encuentra en cereales integrales, semillas, fruta seca y/o fresca, legumbres y verduras sin pelar.

Los esteinerianos

A este grupo se les denomina también biodinámicos por ser seguidores de la biodinámica, ciencia que se ocupa no sólo de la calidad y cantidad del producto agrícola, sino de regenerar la tierra empobrecida por continuos cultivos.

Rudolf Steiner, su creador, opina que las sustancias alimenticias deben conocerse desde el punto de vista biológico y espiritual para encontrar la dieta adecuada a cada uno, cuidando que los alimentos sirvan para obtener de ellos sólo beneficios, pero sin utilizar sustancias químicas que contaminen y empeoren la capacidad de producción de la tierra.

Los procedimientos biodinámicos respetan las leyes biológicas del mundo animal y vegetal que determinan la fertilidad del terreno, la robustez de las plantas y su productividad.

No existen verdaderas contraindicaciones para el seguimiento de esta dieta, muy al contrario, desde el punto de vista médico puede resultar revitalizante, sana y natural.

Los eubióticos

Los adeptos a la eubiótica, palabra compuesta de los términos griegos eu (bien) y bios (vida), profundizan en el conocimiento de la naturaleza utilizando inteligentemente los productos de la tierra.

Este tipo de vida se basa en una placentera alimentación racional, que derivará en una buena forma física que permite valorar la salud, fuente de bienestar y felicidad.

El principio básico de la eubiótica consiste en combinar correctamente alimentos, evitando sobre todo asociar alimentos protéicos con carbohidratos. *No existe prohibición expresa para ningún alimento, aunque la verdura es el elemento principal, ya que puede asociarse con cualquier otro alimento.*

PROPIEDADES DE LAS VERDURAS Y HORTALIZAS

La gran ventaja dietética de las verduras y hortalizas es que su digestión es muy ligera y la fibra que no se metaboliza facilita el tránsito intestinal.

Las verduras están formadas en un 90% por agua, lo que conlleva un reducido valor energético, y son muy pobres en grasas y proteínas.

Para evitar perjudicar nuestra salud es necesario conseguir un equilibrio natural, lo que se logra tomando dos o tres veces más cantidad de hortalizas, frutas y verduras que de alimentos proteínicos tales como carne, legumbres y cereales.

Las verduras son indispensables para combatir la obesidad, ya que a su escaso aporte calórico se suma un gran poder saciante. En caso de diabetes resultan alimentos adecuados por su alto contenido en fibra, siempre y cuando se tenga la precaución de complementarlos con otros nutrientes ricos en proteínas y grasas.

PREPARACIÓN DE VERDURAS Y HORTALIZAS

Por su corto período de conservación, las hortalizas presentan ventajas (se encuentran frescas en el mercado), e inconvenientes (su corta durabilidad). Es por esto, que se tiende cada vez más a consumirlas congeladas, en conserva, desecadas, maceradas en vinagre, etc.

Estos sistemas de conservación presentan algunos problemas cuando la elaboración no ha sido la correcta (pérdida de vitaminas, absorción de metales del interior de las latas o pérdida de sabor en los congelados).

Una hortaliza destinada al consumo o a la conservación debería estar recién recolectada y desprovista de cualquier tipo de humedad exterior o interior, sin residuos de plaguicidas. Ya en la cocina, no se deben lavar las verduras con demasiada antelación.

Valor nutritivo. Las verduras crudas suelen tener un mayor valor nutritivo que las cocidas, ya que éstas pierden algunas vitaminas por efecto del calor o al disolverse en el agua hirviendo.

Cocción al vapor. Para evitar la pérdida de vitaminas en la cocción se recomienda cocinar al vapor, aunque se requiera una cazuela especial. Cuando se hiervan las verduras, el caldo resultante puede aprovecharse para preparar consomés, sopas o purés.

Escaldado. El ligero escaldado de las verduras típico de la cocina china es muy recomendable. Las verduras semicocidas conservan mejor su valor nutritivo.

Cocción al horno. Este método está particularmente indicado para los tubérculos como las patatas, siempre que con anterioridad se pinche la piel evitando así que se rompan.

Asado. Las verduras se untan previamente con aceite y después se cuecen en el horno, en una fuente cubierta, añadiendo un poco de agua o caldo caliente para evitar que se resequen.

En ensalada. Muchas hortalizas que suelen tomarse cocidas, como la col o los guisantes, son más saludables si se ingieren crudas o aliñadas.

LEGUMBRES, PROTEÍNAS ECOLÓGICAS

Las legumbres son la fuente más saludable de proteínas. Resultan muy sabrosas, con gran poder saciante y son componentes imprescindibles en una alimentación sana y equilibrada.

Combinadas con cereales y verduras, y sazonadas moderadamente con hierbas y especias que estimulen la digestión, como laurel, tomillo o romero, no sólo resultan más digestivas, sino que se logra un perfecto equilibrio de sabores, texturas y sustancias nutrientes.

Las legumbres tienen multitud de posibilidades gastronómicas, sobre todo en potajes, guisos y estofados. Pueden emplearse también en ensaladas, sopas y cremas, en patés vegetarianos para rellenar canelones, lasañas, etc.

Por su elevado contenido proteínico las legumbres son equiparables a la carne aunque no alcanzan la calidad del huevo, la leche o el pescado. Para aumentar su índice de aprovechamiento deben combinarse con cereales y algunos frutos secos y semillas.

Su aporte de hidratos de carbono (20 veces más que las verduras), proteínas y minerales, y sus grasas exentas de colesterol, convierten a las legumbres en un alimento indicado para personas que realicen un trabajo muscular duro o —por su contenido energético— o un gran esfuerzo mental —por su abundancia en fósforo—.

PREPARACIÓN DE LAS LEGUMBRES

Las mejores legumbres son las de aspecto prieto, sin arrugas y de color brillante. Deben adquirirse frescas, y conservarse en recipientes herméticos, en un lugar fresco y protegido de la luz, donde se mantienen en buenas condiciones hasta seis meses.

Salvo las lentejas y los guisantes, las legumbres deben lavarse y luego ponerse a remojo la noche antes para que se ablanden.

En el momento de ponerlas a cocer se escurren, se pasan a una cazuela y se cubren de agua acercándolas al fuego. Durante los primeros 5-10 minutos todas las legumbres deben cocerse a fuego vivo, retirándoles la espuma que se haya formado; entonces se reduce el fuego y se tapa parcialmente la olla, dejándolas cocer a fuego suave y siempre cubiertas de agua para que no se les suelte la piel.

No se debe añadir sal hasta que las legumbres estén tiernas, pues ésta tendería a extraerles la humedad interior retrasando así su cocción. Un chorrito de aceite evita que el caldo se salga de la olla y además ablanda las legumbres.

Los tiempos de cocción varían dependiendo del origen y frescura de las legumbres. Si se utiliza olla a presión éste se reduce a una tercera parte, lo que implica un importante ahorro de tiempo y energía.

Las legumbres pueden prepararse en:

Sopas, caldos y purés. Estas formas de elaboración permiten muchas combinaciones de legumbres y hortalizas. Las legumbres actúan como espesantes y las hortalizas aportan su diversidad para elaborar variados platos de temporada.

Potajes, guisos y estofados. Son las maneras de elaboración más tradicionales y presentan multitud de posibilidades culinarias.

Patés. También es posible elaborar diferentes patés vegetales, ideales como relleno de canelones, lasañas, etc. El paté de judías untado sobre tortitas de maíz es uno de los platos más populares de América Latina.

APERITIVOS

BARQUITAS DE AGUACATE

Ingredientes para 4 personas
4 aguacates, 1 yema de huevo, 100 gramos de queso Roquefort,
100 gramos de queso cremoso, 1 tarrina de nata, limón, lechuga,
pimienta negra recién molida, avellanas.

Preparación

Los aguacates, bien lavados, se cortan longitudinalmente en dos trozos. Se vacían de pulpa, dejando un centímetro sin quitar. La pulpa
se rocía y machaca con zumo de limón para que no oscurezca.

Con la pulpa del aguacate, los dos tipos de queso, la yema de huevo
y un poco de pimienta negra se prepara una crema, machacándolo
todo o utilizando la batidora. Se añade nata para conseguir la flui-
dez que se desee.

Los aguacates se rellenan con esta mezcla, empleando una manga
pastelera o una churrera con boquilla rizada grande. En una fuente, y sobre hojas tiernas de lechuga, se colocan los aguacates y se espolvorean con las avellanas molidas.

BOLITAS DE QUESO

Ingredientes para 4 personas
*200 gramos de queso rallado al gusto, 4 huevos,
pan rallado, pimienta, aceite, sal.*

Preparación

Se separan las claras de las yemas de dos huevos y se baten las primeras a punto de nieve con un pellizco de sal. Cuando estén bien sólidas, se les añade una de las yemas, el queso y un poco de pimienta, removiéndolo para mezclarlo todo bien.

Con esta masa se forman unas bolitas que se rebozan primero en pan rallado, luego en huevo batido y de nuevo en pan rallado.

Se fríen en una sartén con abundante aceite caliente hasta que estén doradas. Entonces se pasan a una fuente con papel de cocina para que absorba la grasa y se sirven calientes.

CANAPÉS DE TRES QUESOS

Ingredientes para 4 personas
4 rebanadas de pan de molde, 1 / 2 cebolla,
60 gramos de margarina, 60 gramos de queso azul,
60 gramos de queso blanco de untar,
50 gramos de queso Camembert, perejil.

Preparación

Se baten los tres tipos de quesos y la margarina vegetal en la batidora hasta conseguir una pasta homogénea. Se añade la cebolla rallada y una cucharada de perejil picado. Se remueve todo hasta que esté bien unido.

Se retira la corteza a las rebanadas de pan y se tuestan —pueden emplearse rebanadas de pan normal tostadas muy finas que se deberán tostar también—. Entonces se cortan en cuatro triángulos y se untan con la pasta de queso. Hay que servirlos de inmediato.

CÓCTEL DE PIÑA

Ingredientes para 4 personas

2 piñas grandes, 4 kiwis, 4 manzanas, 2 naranjas,
150 gramos de queso Emmenthal, 1 taza grande de mayonesa,
2 cogollos de lechuga.

Preparación

La piña se cortar a lo largo por su mitad, y se vacía la pulpa cuidando de no romper la cáscara.

A continuación se trocea la pulpa de la piña y se pone en un cuenco junto con el queso cortado en taquitos y las frutas peladas y cortadas en porciones pequeñas, reservando unas rajitas de kiwi. Por último se añade a todo ello la mayonesa.

Se comienza a rellenar las piñas haciendo una base con los cogollos de lechuga cortados en tiras finas. Se distribuye el preparado que tenemos en el cuenco, y se termina adornando con las rodajas de kiwi reservadas y la lechuga sobrante.

ENDIBIAS RELLENAS
DE BERENJENA

Ingredientes para 4 personas

1 berenjena grande —como de medio kilo—, 1 cebolla pequeña,
1 diente de ajo, 1 endibia, 1 manojo de perejil,
1/2 de cucharadita de pimienta molida, 2 cucharadas de zumo
de limón, 2 cucharadas de aceite de oliva, sal.

Preparación

La berenjena se coloca sobre un papel de cocina absorbente, se pincha varias veces con un palillo y se introducen en el horno precalentado, sin tapar, durante unos 15 minutos. Pasado este tiempo se saca y se deja enfriar.

Una vez fría, se corta en dos a lo largo, se vacía su pulpa y se pone ésta en el vaso de la batidora. Se le añade la cebolla picada, el perejil, el ajo, la pimienta y una pizca de sal, y se tritura todo hasta conseguir una pasta espesa. Por último, se mezcla con el aceite y el zumo de limón y se reserva.

La endibia, deshojada, lavada y seca, se coloca en una fuente y se rellena con el preparado anterior. Se sirve junto con pequeños biscotes de pan.

TARTALETA DE ACELGAS

Ingredientes para 4 personas
250 gramos de harina, 125 gramos de margarina,
1 tacita de agua fría, 1 manojo de acelgas, 2 huevos,
1 cebolla grande, aceite, sal.

Preparación

Con la harina, la margarina, el agua y una cucharadita de sal se prepara un medio hojaldre y se deja reposar durante 45 minutos. Mientras tanto, se lavan las acelgas quitándoles el tallo, que se puede aprovechar en la preparación de otro plato, y se cuecen en una cacerola con agua salada hirviendo durante 20 minutos.

Pasado este tiempo, se escurren y se dejan enfriar unos momentos para picarlas y reservarlas. Aparte, en una sartén con un chorro de aceite caliente se fríe la cebolla finamente picada; cuando comience a dorar, se incorporan las acelgas y se sazona todo con sal, dándole unas vueltas antes de retirar el sofrito del fuego.

Los huevos se baten y se mezclan con el preparado de acelgas. Ya reposada la masa, se extiende con el rollo hasta dejarla fina y con ella se forra un molde de tartaleta grande. Sobre él se vierte el preparado de acelgas y se introduce el molde en el horno precalentado a temperatura moderada durante 20 minutos.

Cuando la tartaleta esté dorada se retira del horno y se sirve bien caliente.

TARTALETAS DE CHAMPIÑONES CON BECHAMEL

Ingredientes para 4 personas

250 gramos de masa de hojaldre, 1/4 kilo de champiñones,
4 huevos, 1/4 litro de leche, 2 cucharadas de harina,
40 gramos de margarina, aceite, sal.

Preparación

Se extiende el hojaldre con ayuda de un rodillo pastelero y se cubren con él los moldes de las tartaletas, forrando bien los bordes. Se introducen en el horno precalentado hasta que estén doradas, retirándolas en este punto y dejándolas enfriar para luego rellenarlas.

Los huevos se ponen a cocer en un cazo con agua fría sobre el fuego. Cuando rompa el hervor se dejan cocer durante siete minutos para que no queden del todo cocidos. Los champiñones se cortan en láminas muy finas y se rehogan, por espacio de 10 minutos, en una sartén con la mitad de la margarina. Los huevos, una vez fríos, se trocean y se juntan con los champiñones.

En un recipiente aparte se prepara una bechamel con el resto de la margarina y dos cucharadas de aceite. Cuando esté caliente se agregan la harina y a continuación la leche fría —poco a poco—, revolviendo para evitar la formación de grumos. Tras sazonar con sal, se deja cocer 10 minutos. Una vez esté cocida la bechamel, se añaden los huevos y los champiñones, se revuelve todo y se mantiene en el fuego durante tres o cuatro minutos más. Por último, se rellenan las tartaletas y se sirven calientes.

ENSALADAS

ENSALADA DE AJO

Ingredientes para 4 personas
1 cogollo de lechuga, 4 dientes de ajo, 2 tomates,
1 cebolla, 4 pimientos rojos asados, 12 aceitunas,
vino blanco, vinagre, aceite, sal.

Preparación

Se lava la lechuga, se pica y se echa en una ensaladera. Se agregan los tomates limpios y cortados en trozos y la cebolla en rodajas finas. Los pimientos se cortan en tiras y se echan también en la fuente, así como las aceitunas.

Aparte, se machacan en el mortero los ajos con un poco de sal, añadiéndoles luego un chorro de vino blanco y aceite y vinagre al gusto. Se remueve el aliño y se riega con él la ensalada, que se sirve inmediatamente.

ENSALADA DE ARROZ

Ingredientes para 4 personas
1 / 2 kilo de arroz, 2 tomates, 1 / 2 cebolla,
1 diente de ajo, limón, 1 cucharada de mostaza,
1 cucharada de vinagre, pimienta, perejil picado,
2 cucharadas de aceite, sal.

Preparación

Se fríe el ajo y se le añade el arroz, removiendo bien. Se agrega doble cantidad de agua, sal y unas gotas de limón. Se cuece durante 15 minutos. Una vez cocido, el arroz se pasa a un escurridor y se lava bajo el grifo.

En un tazón se mezclan la mostaza, el vinagre y el aceite, se sazonan con sal y pimienta y se remueve todo bien. Esta salsa se incorpora al arroz cuando esté escurrido y frío.

Éste se distribuye sobre una ensaladera y se adorna con rodajas de tomate. Por último, se espolvorea con perejil picado y con cebolla partida muy menuda.

ENSALADA DE BERENJENAS

Ingredientes para 4 personas

2 berenjenas, 1 cebolla, 2 dientes de ajo, 4 tomates,
1 / 2 limón, 1 ramita de perejil, hojas de lechuga,
aceite, pimienta, sal.

Preparación

Las berenjenas se lavan y se cortan, una en rodajas y la otra en dados, se sazonan con sal y se dejan reposar unos 30 minutos sobre una
fuente con un poco de agua. Pasado este tiempo, se escurren bien y se
secan con un paño.

En una sartén con un poco de aceite caliente se fríen la cebolla cortada en aros y las berenjenas. Cuando empiecen a tomar color, se incorporan los dos dientes de ajo finamente picados y los tomates en
cuadraditos, friéndolo todo unos minutos sin dejar de remover.

A continuación, se retira la sartén del fuego y se deja enfriar el preparado unos minutos antes de agregar la ramita de perejil picada
muy menuda, el zumo de limón, sal y pimienta al gusto.

En el momento de servir, se colocan unas hojas de lechuga lavadas y
escurridas sobre una fuente formando un lecho, y encima la ensalada de berenjenas. Se sirve templada o fría.

ENSALADA DE BERROS

Ingredientes para 4 personas
1 manojo de berros, 1 pepino, 1 escarola,
1 / 2 vaso de yogur líquido, 2 cucharadas de nueces,
vinagre de manzana, pimienta, sal.

Preparación

La escarola se lava muy bien, eliminando las hojas exteriores y más verdes y, una vez escurrida, se trocea y se echa en una ensaladera. A continuación, se añaden el pepino pelado y cortado en rodajas y los berros limpios y desprovistos de raíces.

En un cuenco aparte, se mezclan cuatro cucharadas de vinagre, el yogur, un pellizco de sal y otro de pimienta batiendo con un tenedor hasta obtener una crema. Se incorporan entonces las nueces picadas, se remueve todo y se vierte sobre la ensaladera, removiéndolo para que los ingredientes se impregnen bien del aliño. Tras reposar un tiempo en la nevera, se sirve fría.

ENSALADA DE COL
Y FRUTAS

Ingredientes para 4 personas

1 cogollo de col, 1 pimiento verde, 1 pimiento rojo,
100 gramos de maíz cocido, 1 manzana, 1 rama de apio,
2 naranjas, 125 gramos de uvas blancas y negras,
50 gramos de nueces, 4 cucharadas de zumo de limón,
3 rodajas de piña, 2 cucharadas de miel de acacia,
aceite, pimienta negra molida, sal.

Preparación

La col, una vez limpia y escurrida, se pica en tiras finas sobre una ensaladera amplia. Se añaden los pimientos y el apio troceados en cuadraditos, la manzana, pelada y cortada en medias lunas, la piña en trocitos, el maíz, las uvas, peladas y sin semillas, y las naranjas en gajos.

Aparte, en un cuenco o tarro con tapa hermética, se echan el zumo de limón, la miel, tres cucharadas de aceite, una pizca de pimienta negra y sal al gusto. Se tapa y agita hasta que quede mezclado. Se rocían con este aliño los ingredientes de la ensalada, removiéndolo todo bien y, por último, se adorna con las nueces y se sirve.

ENSALADA DE COLIFLOR

Ingredientes para 4 personas
1 coliflor, aceitunas, perejil, salsa mayonesa, sal.

Preparación

Se limpia bien la coliflor y se pone a cocer en agua hirviendo con sal. Ya cocida, se deja enfriar y se corta en pedazos iguales —más bien pequeños— que se colocan en una ensaladera. Se añaden las aceitunas y el perejil —si se desea puede suprimirse el perejil—.

La ensalada se baña con una mayonesa muy clara, o con salsa vinagreta, y se sirve muy fría.

ENSALADA DE ESPÁRRAGOS

Ingredientes para 4 personas
*500 gramos de espárragos trigueros, 200 gramos de setas,
1 cogollo de lechuga, 2 dientes de ajo, pimienta,
vinagre, aceite, sal.*

Preparación

Los espárragos se limpian cortándoles su extremo más duro y retirándoles las hebras exteriores antes de ponerlos a cocer en un olla con agua salada hirviendo durante cinco minutos. Los espárragos han de quedar tiernos pero no demasiado blandos.

Aparte, se limpian y se trocean las setas pasándolas a continuación a una sartén con un chorrito de aceite caliente para rehogarlas unos minutos. Antes de que estén hechas, se incorporan a la sartén los dientes de ajo machacados en el mortero con sal y pimienta al gusto. Se remueve todo bien y se fríen hasta que las setas estén en su punto.

Entretanto, se lava la lechuga y, una vez escurrida, se pica y se echa en una ensaladera. Se incorporan entonces los espárragos troceados, las setas, sal, pimienta, vinagre y aceite. Se mezclan bien todos los ingredientes y se sirve la ensalada todavía tibia.

ENSALADA DE GARBANZOS

Ingredientes para 4 personas
200 gramos de garbanzos, 2 tomates,
2 pimientos rojos asados, 2 cucharadas de mostaza,
aceite, sal.

Preparación

Los garbanzos se ponen a cocer en agua caliente con sal. Una vez cocidos se escurren y se pasan a una fuente a la que se añaden los tomates, lavados y cortados en cuadraditos, los pimientos picados en tiras, la mostaza y la sal y aceite al gusto.

Se remueve, se mezclan bien los ingredientes y se sirve la ensalada fría.

ENSALADA MEDITERRÁNEA

Ingredientes para 4 personas
5 pimientos amarillos, 100 gramos de aceitunas negras,
2 cucharadas de alcaparras, 300 gramos de pasta de trigo duro,
1 pimiento rojo, 1 diente de ajo, hojas de menta, romero,
vinagre, aceite, sal.

Preparación

Se cuece la pasta en una cazuela con abundante agua salada hirviendo y, cuando esté al dente, se escurre y se pone bajo el grifo de agua fría; luego se echa en una ensaladera.

Se lavan cuatro pimientos amarillos y se cortan a la mitad en sentido longitudinal, retirando las semillas y partes blancas. Aparte, se trocean el pimiento amarillo restante y el pimiento rojo y se fríen en una sartén con un poco de aceite caliente junto con el diente de ajo pelado y picado, unas hojas de menta limpias y picadas muy menudas y un poco de romero. Se remueve todo y se añaden las aceitunas, las alcaparras, una cucharada de vinagre y sal al gusto, dejándolo en el fuego durante unos siete minutos.

Transcurrido este tiempo, se aparta la sartén del fuego y, una vez frío el sofrito, se mezcla con la pasta. Por último, se rellenan los pimientos con el preparado anterior y se sirven de inmediato.

ENSALADA A LA NARANJA

Ingredientes para 4 personas
4 naranjas, 3 patatas, 1 plátano, 1 cogollo de lechuga,
pimienta blanca, vinagre, aceite, sal

Preparación

Se cortan las naranjas a la mitad y se vacían de pulpa para rellenarlas con la ensalada que se preparará del modo siguiente:

Se cuecen las patatas con piel. Una vez peladas y frías, se cortan en tiras muy finas. Junto con el plátano muy picado, la pulpa de una naranja cortada en pequeños dados y el cogollo de la lechuga partido fino, se procede a sazonarlo todo con sal, pimienta blanca, aceite y vinagre. Las naranjas se rellenan con esta ensalada y se presentas colocadas en una fuente.

ENSALADA DE NARANJAS, KIWIS Y FRESAS

Ingredientes para 4 personas
*2 naranjas, 3 kiwis, 1 / 2 kilo de fresones,
10 nueces o almendras, limón, aceite, sal.*

Preparación

Se pelan las naranjas y los kiwis, y se lavan y limpian las fresas.
Naranjas y kiwis se cortan transversalmente, mientras que las fresas
se trocean en cuñas. Las rodajas se dispondrán en el siguiente orden:
naranjas, kiwis y fresas. Las nueces se colocarán en el centro. Se aliña con aceite, sal y limón.

ENSALADA DE PASTA
CON VERDURAS

Ingredientes para 4 personas

100 gramos de pasta de trigo duro, 200 gramos de guisantes, 200 gramos de judías verdes, 1 zanahoria, vinagre, pimienta, aceite, sal.

Preparación

La pasta se cuece en una cazuela con abundante agua salada hirviendo hasta que esté en su punto —al dente— y se escurre. Entre tanto, se lavan y trocean las judías verdes y la zanahoria y se ponen a cocer en otra cazuela con agua y sal hirviendo junto con los guisantes. Las verduras han de estar tiernas pero no deshechas. Una vez cocidas se escurren y se dejan enfriar unos minutos.

A continuación, se mezclan con la pasta en una ensaladera y se aliñan al gusto con sal, pimienta, aceite y vinagre. Esta ensalada puede servirse tibia o fría.

ENSALADA PRIMAVERA

Ingredientes para 4 personas
250 gramos de judías verdes, 200 gramos de coliflor,
200 gramos de puntas de espárragos, 1 pepino,
1 cogollo de lechuga, 3 tomates medianos, vinagre, aceite, sal.

Preparación

Se cortan las judías verdes en trozos y se cuecen destapadas en agua hirviendo y sal. Una vez cocidas, se escurren y se reservan. La coliflor se separa en cogollos pequeños que se cocerán destapados en agua hirviendo con sal. Ya cocidos, se escurren, se dividen en porciones y se reservan.

El pepino, pelado, se corta en rodajas muy finas que se dejan reposar durante media hora después de sazonarlas con sal. Pasado este tiempo se escurren, se secan con un paño y se reservan. Los pimientos se cortan en rodajas finas, se salan y se dejan así unos 15 minutos. Aparte se prepara una salsa vinagreta, se pica la lechuga fina y se reserva.

Poco antes de llevar el plato a la mesa, se mezclan en una ensaladera los espárragos, la coliflor, las judías verdes, el pepino y la salsa vinagreta. Bien mezclado todo, se coloca en forma de cúpula, alisándolo con una cuchara. Por encima se extiende la lechuga y alrededor de la fuente se distribuyen las rodajas de tomate.

ENSALADA DE TOMATES
Y PIMIENTOS

Ingredientes para 4 personas

2 pimientos rojos, 1 cebolla pequeña, 1 / 2 kilo de tomates, vinagre, aceite, sal.

Preparación

Los pimientos se asan, se les quita la piel y se cortan en tiras estrechas y largas. Los tomates se cortan en rodajas delgadas, se esparcen en un plato y se espolvorean de sal, dejándolos así durante unos 15 minutos. Pasado este tiempo, los pimientos se colocan en el centro de una fuente redonda, rodeados por los tomates y, en la parte más exterior, por rodajas finas de cebolla. Finalmente, en un tazón se bate aceite y vinagre con un poco de sal fina, y con este preparado se riega la ensalada.

ENSALADA TROPICAL

Ingredientes para 4 personas

2 endibias, 4 palmitos, 100 gramos de maíz en grano cocido,
100 gramos de champiñones de lata, 100 gramos de nueces,
75 gramos de pasta, 3 naranjas, 2 manzanas, 1 pomelo, perejil,
4 cucharadas de mayonesa, 1 limón, pimienta negra, sal.

Preparación

Se pelan dos naranjas y el pomelo y se cortan en dados, pasándolos a una fuente amplia o ensaladera. Luego, se añaden las manzanas troceadas, los champiñones limpios y en láminas, el maíz, las nueces picadas y los palmitos en rodajas.

En una cazuela con agua salada hirviendo se cuece la pasta durante 10 minutos. Cuando esté en su punto, se escurre y pasa por el chorro del agua fría, mezclándola con el resto de los ingredientes.

En un tazón se mezclan la mayonesa, el zumo del limón y de media naranja, sal y pimienta al gusto hasta conseguir una crema homogénea. Se vierte la salsa sobre la ensalada y, en el momento de servir, se decora con las hojas de endibia y se espolvorea con un poco de perejil picado muy menudo.

ENSALADA DE VERDURAS

Ingredientes para 4 personas
*1 huevo cocido, 1 kilo de alcachofas, 1/4 kilo de zanahorias,
1 lata de espárragos, 3 tomates, 1/2 kilo de guisantes
desgranados, 1 lechuga, aceitunas, vinagre, aceite, sal.*

Preparación

Se limpian y cuecen las alcachofas. Las zanahorias, después de peladas, se cortan en cuadrados y se cuecen junto con los guisantes en agua hirviendo con sal. Una vez cocidas, las verduras se escurren y se dejan enfriar. Mientras tanto, en un tazón se mezclará aceite, vinagre y sal, batiéndolo bien.

Frías las verduras, se colocan escurridas en una fuente y se riegan con la vinagreta. En las cabeceras de la fuente se ponen los espárragos y alrededor la lechuga picada —aunque sin sazonarla hasta que se lleve a la mesa, para que no se estropee—. Los tomates, cortados en rodajas finas partidas por la mitad, se reparten haciendo ondas entre la lechuga y las verduras. Con el huevo cocido, picado muy menudo, se espolvorean las verduras. La fuente se termina de adornar con las aceitunas.

ENSALADILLA RUSA

Ingredientes para 4 personas

2 huevos cocidos, 1 / 2 kilo de patatas, 1 lata de guisantes,
1 lata pequeña de espárragos, 1 lata de aceitunas,
1 pimiento rojo, 1 cucharada de cebolla picada menudísima,
1 / 4 kilo de zanahorias, salsa mayonesa, vinagre, aceite, sal.

Preparación

Peladas las zanahorias y cortadas en cuadrados, se ponen a cocer en agua fría con sal. Al cuarto de hora de cocción se añaden las patatas cortadas en cuadrados o dados pequeños. Hervirán durante 20 minutos. Una vez cocidas y escurridas, se extienden las patatas sobre un paño para que sequen bien. Mientras, se introduce en el horno —precalentado— el pimiento y se deja unos minutos hasta que esté bien asado.

Cuando patatas y zanahorias estén bien frías, se pasan a una fuente y se les añade una cucharada de cebolla picada menudísima, un chorro de aceite y otro de vinagre. Todo ello se remueve bien y se le agregan —todo picado bien menudo— las claras de los huevos cocidos —las yemas se reservan—, la mitad de las aceitunas, parte del pimiento —reservando el resto—, y los guisantes, mezclando todo bien.

La ensalada se coloca en una fuente redonda o alargada, alisándola. Las yemas se deshacen en migas y se salpican por encima, y se reparten también unos montoncitos de guisantes. Los espárragos se saltean sobre la ensaladilla —unos al lado de otros con las puntas hacia adentro— y entre ellos se clavan las aceitunas. Se decora con el resto del pimiento asado en tiras.

La mayonesa se prepara momentos antes de ser consumida, y se sirve independientemente. No debe aprovecharse de una hora para otra.

CALDOS, CREMAS Y SOPAS

CALDO VEGETAL

Ingredientes para 4 personas
1 cucharada de judías blancas, 1 cucharada de lentejas,
1 cucharada de guisantes, 2 zanahorias, 2 patatas,
1 nabo, 1 puerro, sal.

Preparación

Se pelan las zanahorias, las patatas, el nabo y el puerro, y se parten en trozos grandes poniéndolos en una olla junto con las legumbres y unos dos litros de agua fría con sal. Se deja cocer a fuego lento durante una hora. Transcurrido ese tiempo y después de colarlo, está listo para servir.

En caso de necesitar que tenga más cuerpo, se pasan todos los ingredientes por el chino en unión del caldo. Se puede presentar como una sopa o utilizar para otro fin.

CALDO VERDE

Ingredientes para 4 personas
2 patatas, verdura de cualquier clase, incluida la nabiza,
aceite de oliva, sal.

Preparación

La verdura, limpia, se corta en juliana muy fina y se pone a cocer en agua y sal con las patatas peladas y partidas en trozos grandes. Cuando esté todo cocido se machacan las patatas para lograr un caldo compacto y con cuerpo. Se rectifica de sal y se sirve bien caliente.

Esta es la forma más sencilla de preparar el famoso caldo verde, uno de los platos más populares de Portugal.

CREMA DE BERROS

Ingredientes para 4 personas

1 manojo de berros, 25 gramos de margarina,
1 cebolla, 1 / 2 kilo de patatas, 1 litro de caldo,
1 vasito de nata líquida, sal y pimienta.

Preparación

En una cazuela se pone a derretir la margarina. Una vez fundida se añade la cebolla finamente picada y se deja unos minutos hasta que dore. Una vez en su punto, se incorporan los berros finamente picados, las patatas cortadas como para tortilla, el caldo, la sal y la pimienta dejándolo cocer todo hasta que las patatas estén bien tiernas y rectificando de caldo si fuese preciso.

Transcurrido el tiempo, se pasan los ingredientes por la batidora hasta formar una crema. Por último, se añade la nata y se pone al fuego unos cinco minutos más sin dejar de revolver.

Esta crema se puede servir fría o caliente.

CREMA DE BRÉCOL

Ingredientes para 4 personas

3/4 kilo de brécol, 50 gramos de margarina,
1/2 vasito de aciete de oliva crudo, sal.

Preparación

El brécol se corta en ramilletes y se pone al fuego en una cazuela
con un poco de agua, dejándolo cocer durante 15 minutos a fuego
lento. Transcurrido este tiempo, se comprobará si está blando pin-
chando los tallos con un palillo, prolongando la cocción si no estu-
viesen tiernos.

Una vez cocido, el brécol se pasa por la batidora junto con los demás ingredientes. Antes de servir, se comprueba de sal.

CREMA DE CHAMPIÑONES

Ingredientes para 4 personas

500 gramos de champiñones, 1 tarrita de nata líquida,
1 cebolla, 2 dientes de ajo, 2 cucharadas de harina,
1 litro de caldo, 25 gramos de margarina,
pimienta negra recién molida, perejil, sal.

Preparación

En una cazuela al fuego se derrite la margarina, cuando esté lista se incorporan la harina, la cebolla y los ajos finamente picados. Removiendo con una cuchara de madera, se agrega poco a poco el caldo hirviendo y se incorporan los champiñones limpios y troceados muy menudos. Se deja cocer todo hasta que los champiñones queden bien tiernos. Pasado el tiempo, se pasa por la batidora y, en el mismo momento de servir, se añade la nata, sal y pimienta y perejil al gusto.

CREMA DE ESPÁRRAGOS

Ingredientes para 4 personas
12 espárragos gruesos, 1 litro de leche,
1 cucharadita de harina de maíz, 1 cucharadita de margarina,
1 vasito de nata líquida, pimienta, sal.

Preparación

Se cortan los espárragos a cuatro o cinco centímetros de la punta y se reservan.

Aparte, se prepara una salsa rehogando la harina con la margarina. Después se añade la leche, se sazona con sal y pimienta y se agregan los tallos de los espárragos. Esta mezcla se pone a cocer suavemente durante media hora, cuidando de retirar con la espumadera la capa que se pueda formar en la superficie.

Terminada la cocción, se tritura y se añade la nata líquida. Antes de servir, se adorna con las puntas de los espárragos que estaban reservadas.

CREMA DE REPOLLO

Ingredientes para 4 personas
1/2 kilo de patatas, 1 cebolla, 175 gramos de repollo,
1/4 litro de caldo, 1 tarrina de nata líquida,
pimienta negra, perejil, margarina, sal.

Preparación

Las patatas, lavadas y secas, se pinchan con un palillo y se meten al horno en un recipiente durante 15 minutos. Una vez asadas, se sacan y se reservan.

En una cazuela se derrite la margarina. Después se añade el repollo finamente picado y se rehoga todo durante unos minutos. Las patatas, peladas y cortadas en trocitos pequeños, se ponen en el vaso de la batidora o en un recipiente donde pueda emplearse la varilla eléctrica. A continuación se añade la preparación del repollo y el caldo caliente, se tritura y se agregan la nata, sal y pimienta.

La crema de repollo se sirve espolvoreada por encima con perejil picado finamente.

CREMA DE TOMATES

Ingredientes para 4 personas

1 kilo y medio de tomates, 2 cebollas, 1 diente de ajo,
1/4 litro de caldo de verduras, 1 cucharadita de azúcar,
4 cucharadas de crema de leche, queso rallado, hierbas
aromáticas, pimentón, pimienta negra, aceite, sal.

Preparación

Para que este plato resulte sabroso, es imprescindible que los tomates estén muy maduros y sean realmente carnosos. Los tomates se lavan y se cortan en trozos pequeños. Las cebollas y el diente de ajo se pelan y se pican menudos.

En una cazuela con aceite se doran las cebollas y el ajo, añadiendo después los trozos de tomate, el pimentón, el azúcar y las hierbas aromáticas —albahaca, orégano, tomillo y romero—. Se sazona con sal y pimienta, se tapa el recipiente y se deja cocer a fuego lento por espacio de unos 15 minutos, cuidando de remover con bastante frecuencia. Si fuera necesario, se puede agregar un poco del caldo de verduras.

El caldo de verduras se calienta en una olla distinta y se vierte por encima del preparado de tomate. Se revuelve y se pasa la mezcla por un tamiz fino. La sopa resultante se hierve y se enriquece con cuatro cucharadas de crema de leche.

Una vez servida, la crema de tomate se espolvorea con queso rallado.

ESCUDELLA VEGETARIANA

Ingredientes para 4 personas
400 gramos de garbanzos o de habichuelas, 2 patatas grandes,
fideos, 1 cebolla, 1/2 tacita de arroz, aceite, sal.

Preparación

Se ponen los garbanzos a remojo la noche anterior en agua templada —en caso de emplear cualquier clase de alubias se utiliza agua fría—. Al día siguiente se pasan a una olla o cazuela amplia, se cubren de agua templada y un chorro de aceite, se dejan cocer y se espuman perfectamente. A media cocción se añaden las patatas peladas y partidas en trozos regulares, la cebolla y la sal necesaria. Tienen que cocer con mucha agua, por lo que habrá que echar, si resulta escasa, pequeñas cantidades de agua templada si son garbanzos o fría si son alubias. Un cuarto de hora antes de apartarla del fuego se agregan el arroz y los fideos gruesos. En su punto se retira, se pasa a una escudilla y se sirve caliente y bien caldosa.

También se puede hacer puré con todo ello o retirar el caldo para hacer una sopa y servir el resto de los ingredientes como un segundo plato. En tal caso los fideos u otra clase de pasta se incorporan al caldo y se dejan cocer aparte.

GAZPACHO

Ingredientes para 4 personas

3 dientes de ajo, miga de pan, 2 tomates, 1 pimiento,
1 cebolla, 1 pepino, vinagre, aceite de oliva, sal.

Preparación

Se ponen en un cuenco los dientes de ajo y se machacan bien. Después se añaden un trozo de miga de pan remojada, sal y se incorpora, poco a poco, el aceite de oliva de buena calidad. Cuando comienza a desprenderse el majado se pasa a una sopera o recipiente parecido junto al pimiento, los tomates y el pepino —después de pelarlo y dejarlo reposar un par de horas en la nevera—, partidos en trozos, y la cebolla muy picada, se cubre con agua fría, se mezcla bien y se añade un chorro de vinagre al gusto.

Por último se mete en la nevera y se sirve muy frío.

SOPA AL AJILLO

Ingredientes para 4 personas

1 plato de sopas de pan muy finas, 2 dientes de ajo, pimentón, aceite, sal.

Preparación

Se pone un puchero con agua y la sal necesaria al fuego; cuando rompa el hervor se le añaden las sopas y un diente de ajo machacado en el mortero. Se prepara en la sartén un sofrito con un ajo picado y pimentón, procurando que este último no se queme; se agrega a la sopa y se deja cocer lentamente durante media hora. Puede completarse, si se desea, con huevo batido.

SOPA DE AJO EXTREMEÑA

Ingredientes para 4 personas
Pan, 5 dientes de ajo, 1 litro de caldo o agua,
aceite, pimentón, sal.

Preparación

Los ajos se machacan un poco y se fríen con un poco de aceite; después se vierten sobre ellos el caldo y una cucharada de pimentón, dejándolo hevir un poco. En una cazuela de barro se ponen pequeños pedazos de pan frito —o sin freír, si se prefiere así—; se añade el caldo y se bate todo muy bien hasta que el pan se deshaga. Se rectifica de sal y se sirve muy caliente.

SOPA DE ALCACHOFAS

Ingredientes para 4 personas

2 huevos, pan frito en dados, 1/4 kilo de patatas,
4 alcachofas, 1 puerro, 125 gramos de margarina,
1 litro de caldo de verduras, leche, sal.

Preparación

Se pelan las patatas y se cortan en trozos pequeños; las alcachofas se limpian de hojas dejando sólo el corazón, que se corta en pequeños pedazos; el puerro también se trocea. En una cazuela se derrite la margarina y se le añade el puerro, se rehoga, se echan las patatas y las alcachofas y sobre todo ello se vierte el caldo. Se sazona en caso necesario, y se deja cocer despacio hasta que las patatas queden blandas.

Una vez todo en su punto, se pasa por un pasapurés muy fino añadiendo los huevos batidos con un poco de leche. Se pone en la sopera con el pan frito y se sirve.

SOPA DE ALICANTE

Ingredientes para 4 personas

1 / 4 kilo de guisantes desgranados, pan, 2 zanahorias,
2 nabos, 2 puerros, 1 cebolla, perifollo, pimienta, aceite, sal.

Preparación

En una cazuela con aceite se fríe la cebolla con los puerros partidos
y los guisantes. Después de rehogarlo bien, se echa agua y sal y se deja cocer. Una vez cocido, se pasa por un tamiz y se pone de nuevo al
fuego, añadiéndole las zanahorias y los nabos cortados en rodajitas.
Cuando todo esté en su punto, se agrega pimienta, pan frito en sopas finas y perifollo picado.

SOPA DE ALMENDRAS

Ingredientes para 4 personas

Sopas de pan muy finas, 1/4 kilo de almendras,
30 gramos de azúcar, canela en caña, 1 corteza de limón.

Preparación

Se machacan en el mortero las almendras y se mezclan con el azúcar; se les añade litro y medio de agua removiéndolo bien con la canela y el limón. Se pone todo a hervir y al poco tiempo se agregan las sopas —muy pocas—, dejándolo cocer hasta que el pan se deshaga.

Si se prefiere, puede aumentarse el azúcar a la hora de servir.

SOPA DE ARROZ

Ingredientes para 4 personas

1 / 4 kilo de arroz, 1 pimiento, caldo, 1 cebolla, 1 tomate,
2 dientes de ajo, pimienta negra, azafrán, aceite.

Preparación

En una cazuela se fríe la cebolla picada y el tomate limpio y troceado, añadiendo después un litro de caldo. Cuando comienza a hervir se echa el arroz y los ajos machacados. El pimiento se asa en el
horno, se pela, se corta en pedazos y se agrega el arroz con azafrán
y pimienta. Una vez cocido el arroz, se sirve.

SOPA DE CEBOLLA

Ingredientes para 4 personas
1 cebolla grande, pan, 1 cucharada de queso rallado,
1 litro y medio de caldo, 1 diente de ajo,
1 cucharada de harina, aciete, sal.

Preparación

En una cazuela con aceite se fríe la cebolla muy picada y se va pasando a fuego lento. Cuando esté lista, se añade la harina y se rehoga bien; después se agrega el caldo, se sazona con sal y ajo machacado y se deja cocer despacio durante unos 10 minutos.

Se echa en una sopera que resista el calor del horno poniéndole sopas de pan muy finas y un poco tostadas. Se espolvorea con el queso rallado y se mete en el horno, encendiendo el gratinador para dorarla.

SOPA DE COL MALLORQUINA

Ingredientes para 4 personas
1 col, pan integral, 2 cebollas, 2 tomates, aceite, sal.

Preparación

En una cazuela de barro se fríen las cebollas picadas y los tomates picados y partidos en trozos pequeños. Se añade la col limpia y cortada muy menuda y una pequeña cantidad de agua con la sal precisa. Se deja cocer todo hasta que la col esté tierna; entonces se agrega más agua y, cuando rompa a hervir de nuevo, se le pone el pan en sopas muy finas procurando que éstos queden debajo de la col. Después de otros 10 minutos de cocción, se retira del fuego, se vierten en la cazuela dos cucharadas de aceite crudo y se deja reposar un breve tiempo.

SOPA DE HABAS

Ingredientes para 4 personas

Queso rallado, pan, 300 gramos de habas de mayo,
2 patatas, 4 hojas de repollo, 1 puerro, 1 litro de caldo,
1 diente de ajo, 50 gramos de margarina, sal.

Preparación

En una cazuela se derrite la margarina y se fríen el ajo picado y el puerro en rodajitas; se rehogan y se les añaden las habas y las patatas cortadas en pedazos pequeños, así como el repollo bien limpio y picado. Se sofríe de nuevo y se agrega el caldo y sal. Durante media hora se deja cocer. Después se pasa todo por una batidora o pasapurés, hasta que quede una papilla clarita. Muy caliente, se pone en una sopera con trozos de pan frito. Se espolvorea con queso rallado a la hora de servirla.

SOPA DE PAN

Ingredientes para 4 personas
Pan, 1 cebolla pequeña, 2 pimientos verdes,
2 cucharaditas de salsa de tomate natural, 1 diente de ajo,
tomillo, perejil, nuez moscada, aceite, sal.

Preparación

Asados los pimientos en el horno, pelados y sin semillas, se trocean y se machacan en el mortero haciendo una pasta con un poco de aceite.

En una cazuela se pone un litro de agua con sal abundante y tomillo. Al hervir, se echan los pimientos machacados y unas sopas de pan tostadas. Se fríe la cebolla finamente picada con el ajo y el perejil; cuando esté un poco dorada se añade el tomate y todo ello se vierte en la sopa. Después de cocer un momento, se retira y se espolvorea con nuez moscada.

SOPA DE VERDURAS FRESCAS

Ingredientes para 4 personas

3 zanahorias, 2 ajos puerros, 1 patata, 1/2 cebolla, coliflor,
1 puñado de guisantes desgranados, 2 hojas de repollo,
2 dientes de ajo, pimentón, perejil, aceite, sal.

Preparación

Se pone un puchero al fuego con agua. Cuando hierva se añaden todas las verduras picadas finas, se sazona de sal y se deja cocer hasta que estén tiernas; entonces se agrega la patata cortada en cuadrados pequeños y un sofrito hecho con ajo y un poco de pimentón, dejándolo cocer nuevamente hasta que la patata quede muy tierna.

Esta sopa tiene que estar caldosa; por tanto, se le puede agregar un poco de agua hirviendo. Se sirve caliente en una sopera.

VERDURAS

ACELGAS CON PATATAS

Ingredientes para 4 personas
1 kilo de acelgas, 1 / 2 kilo de patatas,
3 dientes de ajo, vinagre, aceite, sal.

Preparación

Tras un primer hervor, las acelgas se lavan y se escurren. A continuación se ponen en agua hirviendo con las patatas limpias y cortadas en trozos gruesos. Se sazona con sal y se deja cocer media hora.

En una sartén aparte se fríen los ajos en lonchas finas. Una vez fritos, se vierten sobre las acelgas junto con un chorro de vinagre. Se les da un nuevo hervor y se sirve.

ACELGAS SALTEADAS

Ingredientes para 4 personas

1 kilo de acelgas, 3 dientes de ajo, vinagre, aceite, sal.

Preparación

Las acelgas se cuecen en agua con sal, se escurren y se pasan a una cazuela. Los ajos se cortan en láminas finas, se fríen en una sartén con aceite y, una vez fritos, se vierten sobre las acelgas junto con parte del aceite empleado en freírlos. Las acelgas se remueven para que se aderecen con el aceite y tomen el sabor del ajo. Se rocían con vinagre y, sin más, se sirven.

Como acompañamiento se pueden cocer patatas. Este es un plato muy sano y nutritivo.

ALCACHOFAS A LA CORDOBESA

Ingredientes para 4 personas
8 alcachofas grandes, 1 / 2 kilo de patatas,
1 cucharada de harina, 2 dientes de ajo, 1 pimiento,
1 limón, caldo vegetal, azafrán, aceite, sal.

Preparación

Se limpian las alcachofas y se frotan con limón, dejándolas en remojo en agua y limón hasta el momento de hacer uso de ellas.

En una cazuela con aceite se fríen los ajos enteros. Ya fritos, se pasan a un mortero, donde se machacan con harina y un poco de caldo. En la misma cazuela, y con el aceite usado para freir los ajos, se rehogan las patatas —enteras si son pequeñas y cortadas en trozos si son grandes— y las alcachofas bien escurridas. Se sigue rehogando y se añade la mezcla hecha en el mortero, caldo caliente, azafrán tostado y la sal necesaria.

Se dejará cocer hasta que esté en su punto, procurando que las patatas no se pasen demasiado y que el caldo quede espeso. Se sirve en una fuente y se adorna con tiras de pimiento.

ALCACHOFAS A LA GRIEGA

Ingredientes para 4 personas
4 alcachofas, 150 gramos de habas tiernas, 1 cebolla,
8 cebolletas, 1 limón, pimienta, aceite, sal.

Preparación

Se cortan las hojas de las alcachofas y se empapan en zumo de limón. En una cacerola se pondrán a cocer con la cebolla desmenuzada y machacada, las cebolletas enteras, las habas tiernas, pimienta y sal. Cubiertas con poco agua, cocerán por espacio de unos 20 minutos con la olla tapada. Pasado este tiempo, se agregan seis o siete cucharadas de aceite y se dejan destapadas, a fuego muy vivo, hasta que termine de evaporarse el agua. Se sirven frías.

ALCACHOFAS SALTEADAS

Ingredientes para 4 personas

4 alcachofas, pan rallado, perejil, aceite, sal.

Preparación

Limpias, cocidas y escurridas, las alcachofas se echan con cuidado en una sartén con aceite bien caliente. Se les da una vuelta a fuego vivo y se retiran del aceite colocándolas en un plato, donde se espolvorean con pan rallado mezclado con un poco de perejil muy picado. En la misma sartén, pero retirando todo el aceite anterior salvo una cucharada, se vuelven a pasar las alcachofas, haciéndolas rodar para que se salteen por todos los lados. Sazonadas de sal, se sirven.

APERITIVO DE BRÉCOL

Ingredientes para 4 personas
600 gramos brécol, 3 huevos, crema de leche, harina de maíz, queso parmesano rallado, margarina, sal.

Preparación

Los brécoles se limpian, se deshacen en ramitos, se trocean y se cuecen en agua hirviendo con sal durante unos 10 minutos. Una vez cocidos, se pasan por el pasapurés, agregando un poco de líquido de su cocción. El puré resultante se une a una mezcla hecha con la crema de leche y la harina de maíz. Se removerá bien y se le darán dos hervores.

Las yemas, separadas de las claras, se sazonan con sal y se agregan al preparado anterior. Las claras se baten a punto de nieve y se incorporan al puré de brécol, removiendo con cuidado y añadiendo al mismo tiempo el queso rallado.

Todo ello se vierte sobre un molde untado con margarina, llenando como máximo los dos tercios de su capacidad. El molde se introduce en el horno, precalentado a 200 grados, y se deja cocer 40 minutos. Se sirve inmediatamente. Si se desea, pueden acompañarse con panecillos tostados.

BERENJENAS A LA BRASILEÑA

Ingredientes para 4 personas

4 berenjenas, 200 gramos de tomate, harina, pimienta,
perejil picado, 1 diente de ajo, aceite, sal.

Preparación

Las berenjenas se cortan a lo largo en cuatro trozos, en los que se harán varias hendiduras transversales. Se espolvorean con sal y se dejan macerar por espacio de unas tres o cuatro horas.

Cuando hayan soltado todo el agua, se rehogan en harina, se sazonan con pimienta y se fríen en poco aceite. Después se sacan las berenjenas y se echan en la misma sartén los tomates sin pepitas, el ajo picado y el perejil. Todo ello se aplasta con un tenedor y se fríe. Una vez hecha la salsa, se vierte sobre las berenjenas calientes.

Antes de servir, se introducen unos minutos en el horno para gratinar.

BERENJENAS A LA CATALANA

Ingredientes para 4 personas
3 berenjenas, 1 cebolla, 400 gramos de tomate,
2 dientes de ajo, 6 nueces, caldo vegetal, aceite, sal.

Preparación

Las berenjenas, peladas y cortadas en rodajas, se salan y se dejan reposar unos minutos. Después, se secan con un paño para que no salten, se fríen y se reservan.

En una cazuela de barro con aceite se fríen los ajos picados y la cebolla. Se añaden a continuación los tomates pelados y limpios en trocitos; una vez fritos, se agregan las berenjenas, se sazona todo y, finalmente, se echan por encima las nueces machacadas en el mortero y desleídas en un poco de caldo. Se deja cocer a fuego lento procurando que no quede caldoso.

Se sirve en la misma cazuela, acompañadas, si se desea, con huevos fritos.

BERENJENAS RELLENAS DE ARROZ

Ingredientes para 4 personas
4 berenjenas, 40 gramos de arroz, pan molido,
1 diente de ajo, 1 cebolla, 1 / 2 kilo de tomates, aceite, sal.

Preparación

Se pica la cebolla menuda y se pone a freír lentamente en una sartén junto con el ajo picado. Se pelan y limpian los tomates, se parten en trozos y se añaden a la cebolla cuando ya esté pasada. Se deja freír todo despacio, poniéndole un poco de sal. Mientras, se cuece el arroz en agua caliente y sal.

Las berenjenas se pelan y se parten al medio, de arriba abajo, dándoles unos cortes por la mitad con objeto de poder abrirlas luego más fácilmente. Se fríen y a continuación se escurren bien, se vacían para poder rellenarlas y se colocan en un plato.

La carne de las berenjenas se aplasta con un tenedor en una fuente, se le añade el arroz cocido y algo más de la mitad de la salsa que tenemos preparada con el tomate y la cebolla, rectificando de sal si fuese necesario. Con esta mezcla se rellenan las berenjenas, se rebozan en pan molido y se van colocando en una fuente de horno con unas gotas de aceite. Por último, se riegan con otro poco de aceite de freírlas y se ponen a gratinar al horno.

El resto de la salsa que ha quedado se pasa por un pasapuré fino y se coloca bien caliente en la fuente, alrededor de las berenjenas, en el momento de servirlas.

BERENJENAS CON TOMATE

Ingredientes para 4 personas

2 berenjenas, 1/2 kilo de tomates, 100 gramos de queso rallado,
1 cebolla pequeña, 2 dientes de ajo, pan molido,
25 gramos de margarina, harina, aceite, sal.

Preparación

Peladas y cortadas en rodajas, las berenjenas se dejan reposar media
hora en agua y sal.

Mientras tanto, se fríen en una sartén con aceite la cebolla y los ajos
muy picados; después de dorarse algo se añaden los tomates partidos, se fríe todo bien y cuando comienza a quedar espesa la salsa se
pasa por un pasapurés fino.

Las berenjenas, escurridas, se secan con un paño, se rebozan en harina y se fríen.

En una fuente de horno, con un poco de aceite, se hace una capa con
la salsa de tomate, se espolvorea de queso rallado y se colocan encima la mitad de las berenjenas. Se cubren con tomate y queso rallado, se ponen después el resto de las berenjenas y encima otra capa de
tomate y queso rallado. Se espolvorea con pan molido y se distribuyen alrededor trocitos de margarina. Metiendo la cazuela al horno,
se gratina todo, y se sirve caliente.

CALABACINES RELLENOS

Ingredientes para 4 personas
4 calabacines, 4 huevos, 2 cebollas,
75 gramos de aceitunas sin hueso, 75 gramos de pasas,
2 cucharadas de almendra molida, vino blanco,
caldo, harina, aceite, sal.

Preparación

Los calabacines se lavan bien con un cepillo, vaciándolos por un extremo con el ahuecador o con una cucharilla.

Se pone a freír una cebolla muy picada y cuando esté dorada se retira del fuego, agregándole las aceitunas picaditas, las pasas —sin semillas— y dos huevos cocidos y muy picados. Con todo ello se rellenan los calabacines, que se taparán con un casco de cebolla muy fino. Pasados por harina y huevo batido, se fríen en abundante aceite.

Ya fritos, se colocan en una cazuela y se cubren con una salsa elaborada del siguiente modo:

Se fríe otra cebolla picada fina; cuando comienza a dorar se le añade una cucharada de harina, un chorro de vino blanco y un tazón de caldo vegetal. Se pasa por un pasador fino y se pone sobre los calabacines, dejándolos cocer hasta que estén tiernos.

Una vez cocidos, se trasladan a una fuente con cuidado de no deshacerlos y se cubren con la salsa a la que hemos añadido la almendra. Si la salsa quedase muy espesa se puede aclarar con otro poco de caldo.

CALABACINES CON TOMATE

Ingredientes para 4 personas

4 calabacines, 1 cebolla, 2 cucharadas de queso rallado,
1 / 2 kilo de tomates, 2 dientes de ajo, harina, perejil,
pimienta, aceite, sal.

Preparación

Los calabacines, pelados y cortados en rodajas, se rehogan en harina y se fríen en una sartén con aceite. Una vez fritos se van colocando en una fuente de horno.

En la misma sartén, quitando algo de aceite, se fríe la cebolla picada y los ajos también picados. Después se añaden los tomates pelados y troceados, el perejil picado, sal y pimienta. Freirá todo junto hasta que quede bien pasado. Esta salsa, pasada por un pasapurés fino, se echa sobre los calabacines. Espolvoreados con queso rallado, se meten al horno —con calor moderado— unos 15 minutos. Se servirán en la misma fuente.

CALABAZA A LA CASERA

Ingredientes para 4 personas
400 gramos de calabaza, 8 puerros,
pan de molde, ajo, aceite, sal.

Preparación

Los puerros se limpian, se cortan en trozos pequeños y se cuecen en agua hirviendo con sal. Mientras cuecen —lo que supondrá aproximadamente una media hora—, se quita la corteza a la calabaza, se limpia de pepitas, se corta en cuadrados y se lava. Una vez cocidos los puerros, se incorpora la calabaza y se cuece todo junto otra hora más. Terminada la segunda cocción, se retira el agua y se vierte por encima un sofrito hecho con aceite, ajos y pan de molde cortado muy fino. Se remueve todo ello con cuidado y se deja al calor durante un par de minutos. Sin más, se sirve.

CARDOS A LA ITALIANA

Ingredientes para 4 personas

1 / 2 kilo de cardos, queso rallado, margarina,
bechamel, limón, salsa de tomate.

Preparación

Se quitan las primeras hojas de los cardos, aprovechando únicamente las interiores y el corazón. Se cortan en trozos regulares y se frotan con limón. En una olla se calienta agua con unas rodajas de limón. Cuando rompa a hervir se echan los cardos y se dejan cocer, a fuego suave, durante unas dos horas.

Una vez cocidos, se pasan a una fuente, donde se cubren con una bechamel enriquecida con una cucharada de salsa de tomate. Por encima se espolvorea con queso rallado y se riega con margarina derretida. La fuente se introduce unos minutos a horno fuerte, hasta que gratine bien. Se sirve inmediatamente.

CARDOS NAVARROS

Ingredientes para 4 personas
1 / 2 kilo de cardos, 2 dientes de ajo, 1 limón,
harina, aceite, sal.

Preparación

Los cardos se limpian, quitándoles bien los hilos, y se cortan en trozos de unos tres centímetros. Se dejan unos minutos en un recipiente con agua fría y zumo de limón.

En una cazuela distinta se pone a calentar agua, un poco de sal y una cucharada de harina. Cuando el agua empiece a hervir, se van echando los cardos poco a poco, cuidando de no interrumpir el hervor. Una vez estén tiernos, se retiran del fuego y se dejan enfriar.

En una sartén con aceite se pone a dorar el ajo, cortado en láminas delgadas. En el momento en que empiece a tomar color, se añaden los trozos de cardo y se rehogan durante unos minutos, añadiendo la harina restante y dos cucharadas del caldo de cocerlos. Se removerá bien para que se forme una salsa un poco espesa.

CEBOLLA CON TOMATE
EN CREMA

Ingredientes para 4 personas

2 cebollas grandes, 2 pimientos dulces, 250 gramos de tomates,
2 litros de caldo vegetal, tomillo, apio, azúcar, margarina,
harina, pimienta, sal.

Preparación

Se pelan y se pican las cebollas y los tomates. Junto con el tomillo,
una rama de apio, un poco de azúcar y sal, se ponen en una cazuela, se agrega el caldo y se cuece todo por espacio de dos horas a fuego lento.

Mientras tanto, en una sartén se rehogan la harina y la margarina.
Transcurrido el tiempo de cocción, el contenido de la cazuela se pasa por un pasapurés. La crema resultante se mezcla con el rehogado
de harina y margarina, y se sirve con los pimientos asados y cortados en tiras.

COLES DE BRUSELAS
A LA FRANCESA

Ingredientes para 4 personas
600 gramos de coles de Bruselas,
50 gramos de margarina, pimienta, sal.

Preparación

Las coles se preparan cortándoles las puntas del tallo y despojándolas de las hojas exteriores y de las que pudieran estar dañadas. Hecho esto, se lavan bien y se cuecen en agua hirviendo con sal durante unos 20 minutos. Una vez cocidas, se escurren y se pasan por un chorro de agua fría.

En una sartén se derrite una cucharada de margarina, calentándola mucho. Después se agregan las coles y se saltean por espacio de cinco minutos. Se rectifica de sal y se sazona con un poco de pimienta. Con la sartén retirada ya del fuego, se colocan sobre las coles unos montoncitos de margarina y se espera a que se deshagan con el calor. Se sirven calientes.

COLIFLOR CON COMINOS

Ingredientes para 4 personas
1 coliflor, cominos, ajo, vinagre, aceite, sal.

Preparación

Se corta el pie de la coliflor y se pone a cocer ésta en un recipiente amplio con agua hirviendo salada hasta que quede tierna; tiene que estar destapada, pues de lo contrario quedaría poco blanca.

Ya cocida, se añade agua fría y se retira. Se le van cortando las ramas del tronco central y se pasan a una sartén con aceite, un poco de ajo picado y unos cuantos cominos, se rehoga todo bien y se pone en una fuente. Se aliña con vinagre y sal y se sirve fría.

COLIFLOR CON GUARNICIÓN

Ingredientes para 4 personas
1 coliflor mediana, 1 repollo pequeño, 1 lata de guisantes,
300 gramos de zanahorias, bechamel, sal.

Preparación

Se pelan los tallos de la coliflor sin deshacerla y se corta el tronco para dejarle buen soporte. Se cuece destapada, en abundante agua hirviendo y con la sal necesaria. Cuando los tallos estén tiernos, la coliflor se aparta del fuego con mucho cuidado para no deshacerla, y se coloca en el centro de una fuente redonda.

Se cubre con la bechamel, disponiendo alrededor las verduras y las zanahorias pisadas. Después de estar unos minutos al horno, se sirve.

También puede cubrirse la coliflor con mayonesa; incluso se sirve en ocasiones sin ninguna salsa, solamente aliñada con un poco de aceite y vinagre batido.

CROQUETAS DE ZANAHORIAS

Ingredientes para 4 personas

1 / 2 kilo de zanahorias, 2 yemas, 400 gramos de patatas,
2 cucharadas de margarina vegetal, 2 huevos, harina,
pan molido, aceite, sal.

Preparación

Las patatas y las zanahorias, una vez peladas y partidas en trozos, se cuecen en una cacerola con agua salada hirviendo durante media hora o hasta que estén tiernas. En su punto, se escurren y se dejan secar unos momentos.

Después, se pasan por el pasapurés añadiendo la margarina, las yemas y sal al gusto. Se remueve todo bien para mezclarlo y conseguir así una masa homogénea que se vierte sobre un plato amplio para que enfríe.

Cuando está completamente fría la pasta, se moldean las croquetas rebozándolas en harina, los huevos batidos y pan rallado. Poco antes de servirlas se fríen en una sartén con abundante aceite caliente hasta dorarlas. Por último, se retira el exceso de aceite y se colocan en una fuente llevándolas a la mesa calientes.

ESPÁRRAGOS TRIGUEROS
A LA ANDALUZA

Ingredientes para 4 personas

2 manojos de espárragos trigueros, 1 cucharada de harina,
1 rebanada de pan, vino blanco, 2 dientes de ajo, azafrán,
pimienta blanca, cominos, aceite, sal.

Preparación

Se cuecen los espárragos en manojos. Mientras tanto, en una sartén
con aceite, se fríen los ajos y el pan; ya dorados, se sacan para el mortero, donde se machacan bien junto con un poco de azafrán, cominos, una cucharada del aceite empleado para freírlos y un poco de
agua hirviendo para desleírlo todo.

En la sartén se dora la harina y se añade un poco de agua y vino
blanco, así como la mezcla del mortero. Se sazona con sal y pimienta y se deja hervir todo junto unos minutos. Ya cocidos los espárragos, y bien escurridos, se colocan en una fuente y se cubren con la
salsa bien caliente.

Este plato, llamado también revoltijo de espárragos, es muy popular
en Andalucía.

ESPINACAS AL ESTILO CORDOBÉS

Ingredientes para 4 personas
1 kilo de espinacas, 1 cebolla pequeña, 3 dientes de ajo,
pan, pimentón, vinagre, canela, aceite, sal.

Preparación

Las espinacas, bien lavadas, se cuecen en agua caliente y sal durante unos cinco minutos. Pasado este tiempo, se remojan en agua fría, se escurren bien —hasta que suelten todo el agua—, y se pican sobre una tabla, colocándolas después en una cazuela.

Aparte, en una sartén se fríe la cebolla picada y dos dientes de ajo. Agregando una cucharadita de pimentón y un chorro de vinagre, se echa la mezcla resultante sobre las espinacas. Se sazonan con sal y canela, y se dejan cocer a fuego lento, bien tapadas, unos minutos.

Se sirven en una fuente, adornada con cuadrados de pan frito y el resto de los ajos.

JUDÍAS VERDES
A LAS FINAS HIERBAS

Ingredientes para 4 personas

1 kilo de judías verdes, 1 / 2 litro de salsa de tomate,
orégano, tomillo, sal.

Preparación

Las judías se cuecen en agua hirviendo y sal; cuando estén cocidas,
se escurren y se reservan. La salsa de tomate se vierte en una cazuela, incorporando después las judías y dejándolo cocer todo junto por espacio de 15 minutos. Por último, se espolvorea con orégano y tomillo al gusto, y se sirve.

JUDÍAS VERDES CON HUEVO

Ingredientes para 4 personas

1 kilo de judías verdes, 2 huevos cocidos, 1 trozo de cebolla,
2 dientes de ajo, 1 rama de perejil, vinagre, aceite, sal.

Preparación

Si las judías son muy finas y no tienen hebras duras, bastará con quitarles las puntas. En cambio, si son duras, se recortarán alrededor con un cuchillo. En ambos casos, se lavan bien y se ponen a cocer en agua hirviendo y sal, añadiéndoles un diente de ajo, un trozo de cebolla y una rama de perejil. Una vez cocidas, se escurren muy bien y se retiran el ajo, el perejil y la cebolla.

Aparte, se fríe en el aceite necesario el otro diente de ajo; cuando esté dorado, se saca y se vierte el aceite sobre las judías, agregando un poco de vinagre. Las judías se sirven en una fuente alargada, adornadas con porciones de huevo picado.

JUDÍAS VERDES CON PATATAS

Ingredientes para 4 personas

1 kilo de judías verdes, 1 / 2 kilo de patatas,
1 cucharadita de pimentón, 1 diente de ajo, 1 trozo de cebolla,
1 rama de perejil, laurel, aceite, sal.

Preparación

En una tartera con aceite caliente se fríe un poco de cebolla, y antes de que dore se rehogan las patatas picadas en trozos no muy grandes. En el mortero se machaca un diente de ajo con una rama de perejil, se deslíe con un poco de agua y se añade a las patatas, en las que se habrá puesto antes una cucharadita de pimentón. Se mezcla todo bien, se cubre de agua hirviendo y se agregan sal y laurel. Se deja cocer suavemente.

Por separado se cuecen las judías verdes, preparadas como para una ensalada. A media cocción —es decir, al cabo de unos 15 minutos— se escurren y se unen a las patatas, dejándolo cocer todo junto el tiempo necesario para que esté tierno.

Las judías también se pueden cocer, desde el principio, con las patatas. En tal caso, se echarán primero las judías verdes —unos 15 minutos antes, más o menos— y después las patatas, aprovechando el mismo caldo.

LOMBARDA A LA FLAMENCA

Ingredientes para 4 personas

1 lombarda, 250 gramos de patatas, 1 cebolla,
1 hoja de laurel, margarina, azúcar, vino tinto,
1 cucharada de vinagre.

Preparación

Los cogollos de la lombarda se cortan en pedacitos pequeños y se ponen al fuego en una cacerola con vino tinto. Después se añaden el
vinagre, las patatas cortadas en trozos, la cebolla picada, un poco
de laurel y una porción de margarina. Cocerá todo al menos durante una hora. Transcurrido este tiempo, se endulza con azúcar y
se sirve.

MENESTRA DE ARROZ

Ingredientes para 4 personas

150 gramos de arroz, 150 gramos de patatas,
150 gramos de zanahorias, 100 gramos de nabos,
1 manojo de espinacas, lechuga, 2 dientes de ajo,
1 cebolla, perejil, aceite, sal.

Preparación

En una cazuela con aceite se ponen a freír la cebolla picada y los dientes de ajo. Cuando la cebolla dore, se añaden las zanahorias peladas y troceadas, y los nabos de la misma forma. Se rehoga todo junto y se agregan después las patatas peladas y cortadas, así como un litro de agua caliente. Se sazona de sal y se deja en el fuego hasta que las patatas estén casi cocidas. En su punto, se echan en la cazuela, unas hojas de lechuga bien lavadas y picadas, el arroz y las espinacas limpias y partidas. Continuará la cocción hasta que el arroz esté en su punto. Por último, se espolvorea con el perejil picado, se pasa a una fuente o sopera y se sirve muy caliente.

MENESTRA A LA LOMBARDA

Ingredientes para 4 personas

1 / 2 kilo de patatas, 1 / 2 kilo de guisantes desgranados,
50 gramos de margarina, 4 puerros, 100 gramos de fideos,
queso rallado, 1 / 2 litro de leche, hojas de lombarda, sal.

Preparación

Se pelan y cortan en trozos pequeños las patatas, la lombarda y los puerros. En una cacerola se pone un litro de agua, la leche y los guisantes; se añaden todos los demás ingredientes picados y se deja cocer suavemente por espacio de una media hora.

Pasado este tiempo, se agregan la margarina, los fideos y una cucharada de queso rallado, así como la sal necesaria.

Después de diez minutos, se aparta del fuego y se deja reposar unos minutos antes de servir.

MENESTRA VEGETARIANA

Ingredientes para 4 personas

1 kilo de guisantes desgranados, 6 alcachofas,
200 gramos de judías verdes, 1 limón, 1 lechuga,
2 zanahorias, 1 cebolla pequeña, 200 gramos de tomate,
1 / 2 kilo de patatas, 200 gramos de habas desgranadas,
2 nabos, caldo, vino blanco, aceite, sal.

Preparación

En una cazuela grande con aceite se fríe la cebolla finamente pica-da. Se añaden los tomates —pelados, limpios y cortados en trozos— las zanahorias, los nabos —raspados o pelados y en trozos cuadra-dos—, las alcachofas partidas al medio y frotadas con limón, los gui-santes, las judías verdes troceadas, la lechuga picada, las habas tier-nas, un chorro de vino blanco y un tazón de caldo. Agregando más agua si es preciso, y sazonando con sal —teniendo en cuenta la sal del caldo—, se deja cocer suavemente. Se puede poner también algu-na vaina pelada de los guisantes.

Las patatas, a ser posible nuevas y pequeñas, se salan y fríen y se po-nen con el guiso, que continuará cociendo hasta que todo esté en su punto. La menestra debe quedar muy jugosa. Se sirve en una fuente.

PASTELES DE VERDURAS

Ingredientes para 4 personas

300 gramos de espinacas, 2 lechugas, 1 puerro, 1 patata,
1 manojo de berros, 4 huevos, 1 diente de ajo, perifollo, perejil,
200 gramos de guisantes, 200 gramos de habas,
margarina, 1 tarrina de nata líquida, pimienta, sal.

Preparación

Se comienza limpiando y pelando todas las verduras, proceso en el que se eliminarán los tallos. A continuación, se ponen en un recipiente con agua salada y se hierven durante unos tres minutos, excepto ocho hojas grandes de espinaca que se reservan. Las verduras se escurren y se pasan por un chorro de agua fría. Hecho esto, se ponen a cocer, comenzando por las que precisan más tiempo —berros y lechuga—. Ya cocidas, se pasan por agua fría, se escurren y se reservan.

Mientras tanto, se habrán cocido en una olla distinta los guisantes y las habas.

Las verduras cocidas, los guisantes y las habas, junto con el perejil y el perifollo, se pasan por la batidora hasta reducirlos a una crema fina y homogénea. Después se agregan los huevos batidos, la nata líquida, la pimienta y la sal. Todo ello habrá de unir bien.

Se untan cuatro moldes individuales con margarina y se forran con las hojas de espinacas que se habían reservado. Los moldes se rellenan con el preparado de verduras y legumbres, y se introducen a horno suave durante 30 o 40 minutos. Terminada la cocción, se desmoldan y se sirven.

Estos pasteles se pueden acompañar con un salsa suave hecha con margarina, harina y limón.

PISTO MANCHEGO

Ingredientes para 4 personas

1 kilo de tomates, 1/2 kilo de cebollas, 2 calabacines medianos, 1/2 kilo de berenjenas, 2 pimientos, pimentón, aceite, sal.

Preparación

En una sartén grande con aceite se fríe la cebolla picada. Se pelan los calabacines y las berenjenas, se parten en pequeños trozos y se añaden a la cebolla, ya pasada, junto con un poquito de pimentón. Se deja freír despacio, agregando los tomates pelados y troceados, y los pimientos —asados un poco en el horno para pelarlos—. Se echa la sal necesaria y se deja en el fuego hasta que todo esté en su punto. Se sirve en una fuente, caliente o frío, pues de las dos formas resulta bien. Como acompañamiento, se pueden freír unas patatas en forma de cuadraditos.

PUERROS A LA GRIEGA

Ingredientes para 4 personas

6 puerros pequeños, 12 cebollas, 2 cucharadas de vinagre, pimienta negra en grano, 1 cucharada de aceite, sal.

Preparación

Los puerros se pelan y se ponen en una cazuela con las cebolletas a las que previamente se habrá quitado su capa exterior. Se agregan un poco de agua, el aceite, el vinagre, la sal y los granos de pimienta y se deja cocer a fuego lento, con la cazuela tapada, durante media hora. Transcurrido este tiempo, se pasan los puerros a una fuente y se rodean con las cebolletas. Por encima se vierte la salsa.

Los puerros a la griega se sirven muy fríos.

PUERROS EN SALSA

Ingredientes para 4 personas

3/4 kilo de puerros, 2 cucharadas de harina,
30 gramos de margarina, 30 gramos de almendras molidas,
3 dientes de ajo, pimienta blanca, sal.

Preparación

Los puerros se lavan bien y se eliminan sus tallos verdes dejando la parte blanca entera. En un recipiente con agua y sal se cuecen hasta que estén tiernos; ya cocidos, se escurren y se reserva el agua de cocerlos.

La margarina se derrite en una sartén; luego se fríen en ella los ajos picados y se agrega la harina, rehogándola. A continuación, se vierte el caldo de cocer los puerros y se incorporan las almendras molidas. Se remueve para que todo mezcle bien y se sazona con sal y pimienta.

Los puerros se disponen en una fuente o platos individuales, y se cubren con la salsa, sirviéndolos calientes.

REPOLLO EN CREMA

Ingredientes para 4 personas
1 / 2 kilo de patatas, 1 cebolla, 200 gramos de repollo,
1 / 4 litro de caldo vegetal, 1 tarrina de nata líquida, pimienta
negra, perejil, margarina, sal.

Preparación

Las patatas, lavadas y secas, se pinchan con un palillo y se meten al horno precalentado y, en un recipiente destapado, durante 15 minutos. Una vez asadas, se sacan y se reservan.

La margarina —o aceite— se derrite en una cazuela. Después se añade el repollo finamente picado y se rehoga durante unos ocho minutos. Las patatas, peladas y cortadas en trocitos pequeños, se ponen en el vaso de la batidora o en un recipiente donde pueda emplearse la varilla eléctrica. A continuación se añade la preparación del repollo y el caldo caliente, se tritura y se agrega la nata, sal y pimienta.

La crema de repollo se sirve espolvoreada por encima con perejil picado finamente.

TOMATES RELLENOS

Ingredientes para 4 personas

8 tomates medianos, 2 huevos cocidos,
50 gramos de queso rallado, 1 / 2 kilo de tomate para salsa,
2 cucharadas de cebolla picada, 1 / 2 litro de leche, vino blanco,
1 cucharada de harina, 50 gramos de margarina,
1 diente de ajo, aceite, sal.

Preparación

Los tomates se limpian y se ahuecan, reservando la pulpa. Se sazonan y se dejan escurrir.

Aparte, se hace una bechamel poniendo en un cazo la mitad de la margarina; cuando esté dorada se añade la harina, se le dan unas vueltas y se disuelve en leche hirviendo, se sazona de sal y se deja cocer durante 10 minutos. Luego se pican los huevos muy menudos y se mezclan con la bechamel; se vierte en un plato y se deja enfriar.

En una sartén con tres cucharadas de aceite bien caliente se fríe la cebolla. Una vez frita, sin llegar a dorar mucho, se echa el tomate cortado en trozos, se deja freír unos minutos y se le añade un diente de ajo machacado en el mortero y desleído con el vino blanco; se deja cocer hasta que reduzca, se sazona de sal y se pasa por el pasador. La salsa de tomate se reserva al calor.

Con la bechamel fría se rellenan los tomates. Una vez rellenos, se colocan en una fuente refractaria, se riegan con el resto de la margarina derretida y se espolvorean con queso rallado. Sazonados con un poco de sal, se meten a horno fuerte durante 15 minutos.

Para servirlos, se distribuye la salsa de tomate alrededor de la fuente.

TOMATES RELLENOS
CON CHAMPIÑONES

Ingredientes para 4 personas

8 tomates medianos, 1 lata de champiñones, 1 cebolla,
1 cucharada de perejil picado, 1 cucharada de miga de pan,
salsa de tomate, vino blanco, 2 dientes de ajo,
pan rallado, aceite, sal.

Preparación

Se escogen los tomates de tamaño parecido, no excesivamente maduros, y de un color rojo vivo. Con un cuchillo se les corta una pequeña circunferencia en la parte superior, se levanta la tapa y con una cucharilla se vacían de semillas y de una parte de su carne, quedando con la forma de una cazuelita; se les pone dentro un poco de sal y se colocan boca abajo para que escurran.

En un poco de aceite se fríe la cebolla picada muy fina; añadiendo después el ajo y los champiñones picados. Se rehoga todo a fuego vivo, se sazona de sal, se agregan un poco de vino y la miga de pan remojada en un poco de caldo o de agua. Una vez escurrido, se añaden dos cucharadas de salsa de tomate y se cuece hasta espesarlo mucho, removiendo con una cuchara para que no se pegue. Cuando esté en su punto, se retira del fuego, se echa el perejil picado y se rellenan los tomates.

Media hora antes de servir, se espolvorean con pan rallado, se rocían con unas gotas de aceite frito y se meten en el horno fuerte durante 15 minutos. Se servirán en una fuente cubriendo el fondo con salsa de tomate.

TUMBET BALEAR

Ingredientes para 4 personas

1 / 2 kilo de tomates, 1 / 2 kilo de patatas, 1 / 2 kilo de cebollas, 2 calabacines, 2 pimientos, 3 huevos, pan rallado, aceite, sal.

Preparación

Las patatas, peladas y cortadas como para tortilla, se fríen en una sartén con aceite. Los calabacines se pelan y se fríen aparte, al igual que las cebollas. Los pimientos se asan en el horno, pelándolos una vez asados; limpios de semillas, se cortan en tiras. Con los tomates se prepara una salsa y, cuando esté todo frito, se sazona de sal.

En una fuente de horno, con un poco de aceite y espolvoreada de pan rallado, se van colocando capas sucesivas, primero de patata, cebolla y huevo batido, luego de calabacín y otro poco de huevo batido, a continuación de pimiento, y de nuevo huevo batido; por último se pone salsa de tomate con el resto del huevo. Se introduce en el horno a gratinar hasta que esté dorado y se sirve en la misma fuente.

El tumbet se prepara en muchos lugares de las Islas Baleares añadiendo berenjenas.

LEGUMBRES

ALUBIAS EN SALSA VERDE

Ingredientes para 4 personas
1 / 2 kilo de alubias blancas, 1 / 4 de cebolla,
3 dientes de ajo, perejil, aceite, sal.

Preparación

Remojadas las alubias, se ponen en una olla cubiertas con agua fría, la cebolla sin picar y un chorro de aceite. Una vez cocidas, se sazona de sal y se les añade la siguiente salsa:

En una sartén aparte se fríen los ajos, sin dorarlos demasiado. Se sacan para el mortero y se machacan con una buena cantidad de perejil. Se mezcla esta pasta con un poco del caldo de las alubias.

Tanto la salsa como el aceite de freír los ajos se añaden a las alubias, de las que se retira la cebolla. Se sirven muy calientes en una fuente.

CAZUELA DE HORTALIZAS

Ingredientes para 4 personas

200 gramos de arroz, 2 calabacines, 1 berenjena, 1 cebolla,
3 zanahorias, 2 tomates, 100 gramos de queso rallado,
1/4 litro de caldo de verduras, 1 ramito de hierbas aromáticas,
pimienta negra recién molida, aceite, sal.

Preparación

El arroz se cuece en una cazuela con un litro de agua salada, durante 35 minutos a fuego lento. Mientras tanto, los calabacines y la berenjena se lavan y se cortan en rodajas, la cebolla se pela y se pica finamente, las zanahorias se pelan y se cortan en rodajas, y los tomates se escaldan, se pelan, se cortan en ocho cuñas y se limpian de pepitas.

En una sartén con un poco de aceite se fríen los calabacines, la berenjena y la cebolla. A continuación se incorporan el resto de las hortalizas, el caldo, la sal y pimienta, dejándolo cocer todo a fuego lento por espacio de unos 15 minutos.

Terminada la cocción del arroz, se escurre bien y se pasa a la cazuela donde se vaya a servir. Por encima se echa el cocido de la sartén. Se espolvorea con hierbas aromáticas picadas muy finas, la pimienta negra y el queso rallado. Sin más, se sirve.

CROQUETAS DE LENTEJAS

Ingredientes para 4 personas

250 gramos de lentejas, 100 gramos de almendras,
1 cebolla mediana, 1 cucharada de requesón,
miga de pan, perejil picado, sal.

Preparación

Después de estar unas dos horas a remojo, las lentejas se cuecen en una cazuela tapada, con medio litro de agua y la cebolla picada muy menuda. Cuando estén tiernas, las lentejas y la cebolla se escurren y se pasan por el pasapurés hasta formar una crema muy fina.

Con la crema ya fría, se añade el requesón, la miga de pan y el perejil picado, sazonándolo todo con sal.

Sobre una superficie lisa se esparcen las almendras trituradas muy finamente. Con la crema de lentejas se van haciendo croquetas y se rebozan con la almendra molida. Una vez hechas y rebozadas, las croquetas se ponen en una bandeja refractaria y se introducen en el horno, precalentado a 180 grados, hasta que doren bien.

Se pueden servir frías o calientes, según se desee.

FAVES AL TOMBET

Ingredientes para 4 personas

1 / 2 kilo de habas tiernas desgranadas,
1 lechuga o varias alcachofas, 2 dientes de ajo tiernos,
1 rebanada de pan, pimienta, pimentón,
vinagre, aceite, sal.

Preparación

La lechuga, bien lavada, se pica y se mezcla con las habas ya desgranadas. Los ajos se fríen en una cazuela de barro, sacándolos después para el mortero, donde se machacan bien con el pan hasta hacer una pasta que se deslíe con un chorro de vinagre y un poco de agua. Las habas, con la lechuga, se rehogan en la cazuela usada para freír los ajos, añadiéndoles seguidamente la mezcla del mortero y un poco de pimentón. Cocerán hasta que estén tiernas. Por último, se sazonan con sal y pimienta y se sirven.

Este plato, que es en realidad una sencilla menestra, es popular en Alicante, donde se prepara de diferentes formas.

HABAS CON ALCACHOFAS

Ingredientes para 4 personas

1 kilo de habas tiernas, 1 / 2 kilo de tomates,
8 alcachofas, 2 dientes de ajo, 1 cebolla, miga de pan,
pimienta, laurel, perejil, hierbabuena, comino,
azafrán, aceite, sal.

Preparación

Se desgranan las habas y se ponen a cocer en una cazuela bastante grande con agua fría. En una sartén con aceite se fríen la cebolla picada y los ajos; ya dorados, se les añade el tomate pelado y limpio y se sazona de sal y pimienta.

Se les quita el agua a la habas y se les agrega el sofrito de la sartén, removiendo la cazuela para que se una todo. Seguidamente se echa agua de nuevo con una pizca de laurel, perejil, hierbabuena y las alcachofas bien limpias. Se deja cocer hasta que todo esté tierno y se haya consumido parte del agua. Por último se añaden el azafrán, el comino, la miga de pan frita para espesar el caldo, y sal.

GARBANZOS CON ARROZ

Ingredientes para 4 personas

*1 / 4 de kilo de garbanzos, 100 gramos de arroz,
cebolla, 1 / 2 hoja de laurel, 2 dientes de ajo,
azafrán, perejil, aceite, sal.*

Preparación

Se pone al fuego un puchero con agua, y cuando esté caliente se agregan los garbanzos ya remojados, el laurel, un diente de ajo y una rama de perejil machacados en el mortero y desleídos con un poco de agua. Una vez cocidos, se sazonan de sal.

En una sartén con aceite bien caliente se fríen un ajo y la cebolla finamente picada. Este sofrito, junto con un poco de azafrán ligeramente tostado, se agrega a los garbanzos. Al mismo tiempo, se les añade el arroz, dejándolo cocer durante 15 minutos, y procurando que quede un poco caldoso. Si aparecen síntomas de sequedad durante la cocción, se agregará un poco de agua templada o caliente. Se dejan reposar unos minutos y se sirven.

GARBANZOS CON PIÑONES

Ingredientes para 4 personas

1 / 2 kilo de garbanzos, 100 gramos de piñones,
1 cucharada de puré de tomate, 1 cebolla, 2 dientes de ajo,
azafrán, perejil, aceite, sal.

Preparación

Los garbanzos —previamente remojados— se ponen a cocer en agua
caliente con sal y un chorro de aceite, cuidando que estén bien cubiertos por el agua.

Una vez cocidos, se escurren y se reserva el caldo. Sobre los garbanzos se echan los piñones y un sofrito preparado con la cebolla muy
picada, los ajos, el perejil y el tomate, todo ello bien frito. Por encima se vierte un poco del caldo reservado y azafrán tostado. Rectificando de sal, se dejan cocer por espacio de unos 15 minutos y se sirven.

GUISANTES A LA FRANCESA

Ingredientes para 4 personas

600 gramos de guisantes desgranados, 12 cebolletas,
1 lechuga, 100 gramos de margarina,
1 cucharada de azúcar, sal.

Preparación

En una cacerola con poco agua se echan todos los ingredientes, se tapa y se pone a cocer a fuego lento. Conviene remover la cazuela varias veces durante la cocción. Si se agotase el líquido, se puede añadir más agua, pero en cantidades muy pequeñas y echándola poco a poco.

Cuando los guisantes estén tiernos, se retiran del fuego y se comprueban de sal. Si la salsa estuviera muy clara, se puede engordar con una cucharada de margarina untada con harina. Se sirven calientes.

GUISANTES CON HIERBABUENA

Ingredientes para 4 personas
600 gramos de guisantes desgranados, 3 ramitas de hierbabuena,
100 gramos de margarina, azúcar, sal.

Preparación

Se pone al fuego una cazuela con dos litros de agua y un poco de sal. Cuando llegue el hervor se echan los guisantes y un ramo hecho con hierbabuena —reservando cinco o seis hojas—. Los guisantes cocerán en ebullición durante unos 20 minutos. Se sabrá si están tiernos aplastando uno con los dedos. Entre tanto, las hojas de hierbabuena que se habían reservado se lavan, se trocean y se hierven un par de minutos. Una vez cocidos los guisantes, se escurren, se saca el ramo de hierbabuena y se ponen al fuego en una olla distinta para que sequen, sacudiéndolos tantas veces como sea necesario con el fin de que no se peguen. Se sazonan con sal y azúcar y, al poco tiempo, se retiran del fuego. Por encima se echa la margarina derretida y se esplovorea la hierbabuena desmenuzada. Sin más, se sirven.

GUISANTES A LA VALENCIANA

Ingredientes para 4 personas

600 gramos de guisantes desgranados, vino blanco,
1 cebolla, 3 dientes de ajo, tomillo, pimienta blanca, laurel,
perejil, azafrán, aceite, sal.

Preparación

En una cazuela con aceite se ponen a rehogar la cebolla finamente picada y dos ajos también picados. Cuando la cebolla comienza a dorar, se añaden los guisantes, se sigue rehogando y después se agregan un vasito de vino blanco y otro de agua, así como un ramito hecho con perejil, laurel y tomillo. Se deja cocer todo a fuego lento.

En un mortero se machaca un ajo con un poco de azafrán, se disuelve con caldo o agua y se echa sobre los guisantes. Se sazonan con sal y pimienta, y se siguen cociendo hasta que estén tiernos. Se les quita el ramito de plantas aromáticas y se sirven en una fuente. Pueden adornarse con tiras de pimiento o con huevo cocido cortado en trocitos.

LENTEJAS CASERAS

Ingredientes para 4 personas
250 gramos de lentejas, 1/4 litro de caldo de verduras,
1 cebolla mediana, 1 hoja de laurel, sal.

Preparación

Después de estar dos horas en remojo, las lentejas se ponen a hervir
—sin cambiar el agua— con una hoja de laurel y un poco de sal, por
espacio de 30 minutos a fuego lento. Una vez cocidas, se pasan por
un colador, conservando el agua de la cocción. En este agua se echa
el caldo de verduras hirviendo y se pasa la mezcla a un cuenco.

Con un pasapurés se reducen a puré tres cucharadas de lentejas y se
unen al cuenco para espesar el líquido. Este líquido se pasa a una
cazuela, donde se une con las lentejas que se habían reservado. Por
encima se distribuye la cebolla picada muy finamente. La cazuela se
pone al fuego y se termina de cocinar en unos 10 minutos, sirvién-
dose a continuación.

MOROS Y CRISTIANOS

Ingredientes para 4 personas
1/4 kilo de alubias negras, 1/4 kilo de arroz blanco cocido,
2 huevos cocidos, 1 trozo de cebolla, 1 diente de ajo,
1 cucharada de pan molido, pimentón, laurel,
azafrán, perejil, aceite, sal.

Preparación

Después del remojo, las alubias se escurren y se ponen en una cacerola con cebolla, media hoja de laurel, una rama de perejil, un diente de ajo picado, un poco de pimentón y aceite crudo. Cubiertas de agua fría, se sacuden un poco y se cuecen. Cuando estén tiernas se sazonan de sal y azafrán, se les agrega el pan molido y se deja cocer de nuevo muy despacio un cuarto de hora para que el caldo quede espeso. Ya en su punto, se retiran y se dejan reposar unos minutos. Por último, se colocan en una fuente con grupos de arroz blanco cocido y moldeado en pequeños recipientes de flan o en tazas pequeñas. Por encima, se colocan los huevos cocidos cortados en trozos ovalados o largos.

Es un plato muy típico español, principalmente del Sur y de Levante, donde se celebran todos los años las fiestas de Moros y Cristianos.

POTAJE DE GARBANZOS

Ingredientes para 4 personas

400 gramos de garbanzos, 1 huevo cocido, 4 rebanadas de pan,
200 gramos de espinacas, 1 pimiento, 2 cebollas, 2 dientes de ajo,
perejil, pimienta, aceite, sal.

Preparación

Después de pasar la noche anterior a remojo en una olla con agua
y sal, los garbanzos se escurren y se reservan en agua templada. Se
pone al fuego una cazuela con agua y, cuando rompa el hervor, se
echan los garbanzos y un chorro de aceite. Manteniendo el hervor,
cocerán hasta que estén bien tiernos.

Mientras tanto, en una sartén con aceite se rehogan las cebollas picadas, los dientes de ajo, una rama de perejil y las rebanadas de pan.
Cuando todo ello haya dorado, se agregan el pimiento y un poco del
agua de cocer los garbanzos. A continuación se incorporan las espinacas —lavadas y sin tallos— y la yema del huevo cocido. La sartén
seguirá unos minutos más al fuego, removiendo con una cuchara para que no se peguen los distintos ingredientes del sofrito.

Media hora antes de servir, el contenido de la sartén se pasa por un
pasapurés, de modo que quede una salsa bastante gruesa. Los garbanzos se dejan con poco líquido y por encima se les echa la salsa.
La cazuela se sacude para que la salsa impregne los garbanzos, se
sazona todo con sal y pimienta y se cuece otros cinco minutos. Sin
más, se sirve.

XANFAINA

Ingredientes para 4 personas

300 gramos de garbanzos, 1 coliflor pequeña, 1 berenjena,
1 / 2 kilo de tomates, 1 pimiento morrón, 1 cebolla,
400 gramos de setas, 2 dientes de ajo, aceite, sal.

Preparación

Los garbanzos, previamente remojados, se ponen a cocer durante una hora aproximadamente.

En una sartén grande se fríen la cebolla y los ajos, se añade el pimiento y la berenjena partidos en trozos, se rehoga bien y se agregan las setas y la coliflor picadas así como los tomates pelados y troceados. Se deja freír todo el conjunto y se añade a los garbanzos, se sazona y se cuece despacio durante algo más de media hora. Sin más, se sirve.

La xanfaina —o samfaina— se hace en diferentes puntos de España, aunque la más conocida corresponde a la riquísima cocina catalana, al igual que la salsa del mismo nombre.

ARROCES

ARROZ BLANCO CON VERDURAS

Ingredientes para 4 personas

1 / 2 kilo de arroz blanco, 1 / 4 kilo de zanahorias,
1 / 4 kilo de coliflor, 1 / 4 kilo de guisantes,
1 / 2 kilo de repollo blanco, 4 alcachofas, 2 huevos,
1 / 2 kilo de tomates, ajo, limón, aceite, sal.

Preparación

En una cazuela con aceite se fríe un diente de ajo. Cuando esté frito, se retira de la cazuela y se rehoga, en el mismo aceite, el arroz, removiéndolo con ayuda de una cuchara de madera para que no tueste.

Una vez rehogado, se añade agua caliente —doble cantidad que de arroz— y se sigue removiendo hasta que empiece a hervir. En este punto, se agregan unas gotas de limón, se sazona con sal y se cuece por espacio de 15 minutos sin removerlo. Transcurrido el tiempo, se dejará reposar tapado durante cinco minutos.

Mientras, se pican todas las verduras muy menudas —excepto las alcachofas y los tomates— y se cuecen destapadas en agua hirviendo con sal; una vez cocidas se ponen en el escurridor, se pasan por agua fría y se reservan. Los guisantes se ponen a cocer junto con las demás verduras si son frescos; si son de lata se reservan escurridos.

Con el tomate se prepara una salsa, que se pasará por el pasador cuando esté bien espesa. En una sartén grande se rehogan en aceite caliente las verduras bien escurridas. Se agregan dos huevos batidos, y se remueve todo muy bien.

En un molde redondo engrasado con aceite frito se coloca una capa de arroz aplastada con la espumadera, a continuación las verduras

—menos las alcachofas—, y se termina con una tercera capa de arroz. Se alisa bien con la espumadera y se prensa. Despegados los bordes del molde con un cuchillo, se vuelca en una fuente redonda.

Las alcachofas, después de limpias, cocidas y rehogadas en un poco de aceite, se colocan sobre el arroz, adornándolo. El arroz también se rodea con salsa de tomate, sirviendo el resto en salsera.

ARROZ CORTIJERO

Ingredientes para 4 personas

1 / 2 kilo de arroz, 400 gramos de tomate, 2 pimientos, 300 gramos de cebolla, pimienta, aceite, sal.

Preparación

En una cazuela con aceite caliente se rehoga el arroz; ya bien rehogado se añade agua caliente —doble volumen que de arroz—, un poco de sal y pimienta. A media cocción, se agrega el pisto previamente elaborado como a continuación se indica.

Se asan los pimientos en el horno y se pelan. En una sartén con aceite se fríen las cebollas finamente picadas, después se añaden los tomates en trozos pelados y limpios, y los pimientos también partidos; se fríe todo bien, se sazona con sal y se pone en el arroz. Se remueve un poco y se termina de cocer. Ya en su punto, se retira, sirviéndolo en la misma cazuela después de un breve reposo.

ARROZ DE EGIPTO

Ingredientes para 4 personas
300 gramos de arroz, 200 gramos de pasas de Corinto,
100 gramos de almendras en trocitos, 100 gramos de piñones,
50 gramos de margarina, 1 limón, pimienta,
aceite, sal.

Preparación

En una cacerola se rehoga el arroz en un poco de aceite, y se aliña con sal, pimienta y el zumo del limón. A continuación se añaden las pasas y se vierten tres cuartos de litro de agua muy caliente para que hierva, a fuego lento, durante 20 minutos, cubriendo la cacerola con un paño de cocina limpio y poniendo encima la tapa del recipiente.

Cuando el arroz esté en su punto de cocción, se agregan la mantequilla en trocitos, los piñones y las almendras. Se mezcla todo muy bien y se sirve inmediatamente.

ARROZ PERSA

Ingredientes para 4 personas

300 gramos de arroz, 100 gramos de ciruelas pasas,
100 gramos de orejones, 50 gramos de higos secos,
50 gramos de nueces picadas, 1 plátano, 1 pimiento verde,
50 gramos de aceitunas deshuesadas, 1 cebolla pequeña,
2 dientes de ajo, aceite, sal.

Preparación

La cebolla, el pimiento, los ajos, las ciruelas, los orejones, el plátano y las aceitunas se pican por separado en trocitos y se reservan.

En una cazuela con tres cucharadas de aceite se fríen la cebolla y el ajo. Cuando estén tiernos se echa el arroz y se remueve con la ayuda de una cuchara de madera. A continuación se añaden los orejones, las ciruelas, los higos, las aceitunas y se remueve todo de nuevo, agregando después cuatro tazones de agua caliente y sal. Se deja hervir hasta que el arroz alcanza su punto de cocción, aproximadamente a los 15 minutos.

Por último, y antes de retirarlo del fuego, se añaden las nueces y el plátano muy picado. Este arroz persa se sirve caliente.

ARROZ CON PISTO

Ingredientes para 4 personas

350 gramos de arroz, 2 berenjenas, 1 calabacín,
200 gramos de tomate triturado, 1 pimiento verde,
1 cebolla, aceite, sal.

Preparación

En primer lugar se prepara un arroz blanco. Para ello, y en una cazuela con aceite se fríe un diente de ajo. Cuando esté frito, se retira de la cazuela y se rehoga, en el mismo aceite, el arroz, removiéndolo con ayuda de una cuchara de madera para que no tueste.

Una vez rehogado, se añade agua caliente —doble cantidad que de arroz— y se sigue removiendo hasta que empiece a hervir. En este punto se sazona con sal y se cuece por espacio de 15 minutos sin removerlo. Finalizado el tiempo, se deja reposar tapado durante cinco minutos.

Aparte, en una cazuela, se pone un poco de aceite con el pimiento y la cebolla —picados muy menudos—, se rehoga durante unos minutos removiendo, de vez en cuando, con la ayuda de una cuchara de madera. Se agregan entonces el tomate, las berenjenas peladas y cortadas en trozos y el calabacín también troceado, removiendo todo para mezclarlo bien. Se deja cocinar al menos durante 20 minutos. En este tiempo se removerá varias veces y se rectificará de sal.

Por último, se desmolda el arroz en el recipiente en el que se va servir, se coloca el pisto en medio de la corona de arroz y se sirve de inmediato para que no enfríe.

ARROZ VEGETARIANO

Ingredientes para 4 personas

400 gramos de arroz, 150 gramos de guisantes, 1 pimiento morrón, 2 zanahorias, 4 alcachofas, 3 tomates, 1 cebolla, 2 dientes de ajo, 1 limón, perejil, aceite, sal.

Preparación

En una cazuela con aceite se fríen la cebolla y los ajos finamente picados. Cuando estén dorados ambos ingredientes se añaden los tomates, troceados, sin piel ni semillas. A continuación, se limpian las alcachofas y se agregan a la cazuela junto con los guisantes, las zanahorias peladas o raspadas —cortadas en trocitos muy menudos—, y una ramita de perejil picado. Con un poco de agua, si es necesaria, se deja en el fuego unos 10 minutos, añadiendo luego el arroz y el agua que se precise —doble cantidad que el arroz— y se sazona con sal.

Después de cocer 15 minutos, se deja reposar y se sirve en la misma cazuela o en una fuente adornada con rodajas de limón y tiras de pimiento asado y pelado.

PAELLA DE VERDURAS

Ingredientes para 4 personas
400 gramos de arroz, 1/4 kilo de judías verdes,
1 lata pequeña de pimientos, 1/4 kilo de zanahorias,
1/4 kilo de alcachofas, 1/4 kilo de tomates,
1 cebolla, aceite, sal.

Preparación

La cebolla se pica muy fina y se fríe en una paellera con un chorro de aceite. Cuando esté dorada, se agregan los tomates, las zanahorias, las alcachofas y las judías —todo ello pelado y picado— y se rehogan durante unos minutos, sazonando con sal al gusto.

Cuando el sofrito esté pasado, se añade el arroz, se remueve durante unos momentos, se vierte doble cantidad de agua hirviendo que de arroz y se rectifica de sal. Por último, cinco minutos antes de finalizar la cocción se pone el pimiento de lata en tiras sobre la paella. Se sirve caliente.

TORTA DE ARROZ

Ingredientes para 4 personas

300 gramos de arroz largo, 4 huevos, 1 yogur natural,
50 gramos de queso rallado, 1 pimiento rojo,
1 pimiento verde, 1 cebolla mediana, 1 diente de ajo,
laurel, pimienta, aceite, sal.

Preparación

Se cuece el arroz con agua —doble cantidad que de arroz—, sal y media hojita de laurel hasta que quede en su punto, con el grano entero —tardará unos 15 minutos—. Ya cocido, se escurre utilizando un escurridor de verduras, se pasa por agua fría bajo el grifo y se deja unos minutos escurriendo.

Entre tanto, en una cazuela amplia con aceite se fríen la cebolla y el ajo bien picados durante unos minutos, removiéndolos con ayuda de una cuchara de madera. Después se añaden los pimientos sin las semillas y cortados en rodajas finas. Se rehogará todo hasta que esté tierno, removiendo de vez en cuando.

Aparte, se baten los huevos y se sazonan con sal y pimienta recién molida. El arroz cocido se mezcla con el sofrito y a continuación se añaden los huevos batidos, dejándolo a fuego moderado hasta que el huevo cuaje. En este punto, se añade el yogur, se espolvorea todo con el queso rallado y se mete en el horno —previamente calentado— a gratinar a temperatura moderada hasta que dore. Se sirve caliente y en la misma cazuela.

PATATAS

PATATAS CON ALMENDRAS

Ingredientes para 4 personas

1 / 2 kilo de patatas, 2 dientes de ajo, 1 rebanada de pan, 10 almendras, pimienta, azafrán, aceite, sal.

Preparación

En una cazuela con aceite se fríen el pan, los ajos y las almendras peladas. Una vez todo frito, se escurre del aceite, se saca y se machaca en el mortero, añadiendo el azafrán y un poco de agua. En la misma cazuela y con el mismo aceite se ponen las patatas peladas y troceadas, se les añade la pasta del mortero, se rehogan bien y se cubren de agua caliente. Se sazonan con sal y pimienta y se dejan cocer hasta que estén tiernas. Sin más, se sirven en una fuente muy calientes.

PATATAS CON ARROZ

Ingredientes para 4 personas

1 / 2 kilo de patatas, 400 gramos de arroz, 2 dientes de ajo,
pimentón, laurel, aceite, sal.

Preparación

Las patatas, peladas y cortadas en trozos, se cuecen en una cacerola
con abundante agua caliente, sal, un diente de ajo machacado en el
mortero, media hoja de laurel y un sofrito de aceite hecho con otro
diente de ajo y un poco de pimentón. Cuando comienzan a ponerse
tiernas, se agrega el arroz, se comprueba la sal y se siguen cociendo
otros 15 minutos. Pasado este tiempo, se dejan reposar cinco minutos y se sirven ligeramente caldosas.

PATATAS CON COLIFLOR

Ingredientes para 4 personas

1/2 kilo de patatas, 1 coliflor grande, 1 cebolla,
1 diente de ajo, 1 tomate, zumo de limón,
mostaza en polvo, pimienta, aceite, sal.

Preparación

Las patatas se lavan, se pelan y se ponen a cocer en una cazuela con un poco de agua, por espacio de 10 minutos. Mientras tanto, se separa la coliflor en ramitas, se pela la cebolla y se corta en aros. Una vez cocidas, las patatas se escurren y se dejan enfriar.

En un recipiente distinto se calienta una cucharada de aceite, tostando en él la mostaza en polvo. Después se añaden la pimienta y los aros de cebolla. Este sofrito se completa incorporando el ajo machacado. A continuación se echa la coliflor y se rehoga por espacio de unos cinco minutos. Pasado este tiempo, se vierte por encima medio litro de agua con sal.

Las patatas que se tenían reservadas se trocean, se añaden a la coliflor y se cuece todo junto durante otros 10 minutos. Hecho esto, se agregan el tomate troceado y el zumo de limón. Se dejará cocer todo unos minutos a fuego moderado hasta que se forme una salsa algo espesa. Sin más, se sirve.

PATATAS RELLENAS
CON VERDURAS

Ingredientes para 4 personas
8 patatas de similar tamaño, 200 gramos de tomates,
200 gramos de guisantes desgranados, pan molido, harina,
1 lata pequeña de pimientos, 1 huevo, vino blanco,
caldo vegetal, 1 cebolla grande, aceite, sal.

Preparación

En una sartén con aceite se pone a freír la cebolla finamente picada, de la que se reservan dos cucharadas para la salsa. Cuando esté pasada, se le añaden los tomates pelados, limpios y troceados, dejándolo freír todo muy despacio.

Mientras tanto, se ponen a cocer los guisantes. Las patatas se pelan y se van vaciando con el ahuecador para rellenarlas. Una vez que la cebolla y el tomate estén fritos, se sazonan con sal y se mezclan con los guisantes ya cocidos, procediendo a rellenar con este preparado las patatas. Después de rellenarlas, se tapan con un trocito de patata, se pasan por huevo batido y pan molido y se fríen en abundante aceite, colocándolas en una fuente que resista el fuego.

La cebolla que reservamos se fríe en una sartén. Cuando empieza a dorar se le añade una cucharada pequeña de harina; se rehoga todo y se le agrega un chorro de vino blanco y una tacita de caldo. Se vierte sobre las patatas y se dejan cocer a fuego lento. Si la salsa quedase espesa, se le pone más caldo.

Estas patatas se sirven en la misma fuente en que se prepararon, adornadas con tiras de pimiento estrechas y largas.

PASTAS

CANELONES VERDES

Ingredientes para 4 personas

16 canelones, 500 gramos de espinacas,
100 gramos de champiñones frescos, 50 gramos de piñones,
50 gramos de pasas de Corinto, 50 gramos de queso rallado,
1 cucharada de margarina, 2 tazas de salsa bechamel,
1 cebolla, 1 diente de ajo, aceite, sal.

Preparación

Los canelones se cuecen en abundante agua hirviendo y sal durante
10 minutos. Después se pasan por agua fría, poniéndolos a escurrir
sobre un paño. Las espinacas se limpian, se cuecen durante cinco minutos en agua con sal y, transcurrido este tiempo, se escurren y se
trocean.

Aparte, en una sartén con la margarina y un poco de aceite, se fríen
la cebolla y el ajo picados, las pasas, los piñones y los champiñones
—bien lavados y cortados en láminas finas—. Se sazona con sal y se
deja rehogar todo junto durante unos cinco minutos. Con este preparado se rellenan los canelones, colocándolos luego en una fuente
refractaria, donde se cubren con la salsa bechamel y se espolvorean
con el queso rallado.

A continuación, se introducen en el horno a gratinar unos minutos
y se sirven cuando hayan reposado.

ESPAGUETIS CON ACEITUNAS NEGRAS

Ingredientes para 4 personas

300 gramos de espaguetis, 1/2 kilo de tomate natural triturado,
12 aceitunas negras deshuesadas, queso rallado,
2 dientes de ajo, orégano, pimienta, aceite, sal.

Preparación

En una sartén con un poco de aceite se ponen los ajos cortados en láminas y se rehogan hasta que doren. A continuación, se agrega el tomate, se revuelve bien para que mezcle y se deja cocer a fuego moderado durante 10 minutos. Luego, se añaden las aceitunas troceadas, un poco de orégano, sal y pimienta, y se cocina todo cinco minutos más, reservándolo después.

Aparte, en una cazuela, los espaguetis se cuecen con abundante agua hirviendo y sal. Transcurrido los 10 minutos aproximados de la cocción, se retiran del fuego y una vez comprobado que la pasta está en su punto, se escurre y se le agrega el guiso que se tenía reservado. Se sirve inmediatamente, espolvoreando queso rallado por encima.

ESPAGUETIS CREOLA

Ingredientes para 4 personas

300 gramos de espaguetis, 2 berenjenas, 2 calabacines,
2 tomates, 1 pimiento verde, 1 pimiento rojo,
50 gramos de queso parmesano rallado, 2 dientes de ajo,
pimienta, aceite, sal.

Preparación

Los espaguetis se cuecen en abundante agua hirviendo con un poco de sal durante 10 minutos. Transcurrido este tiempo, se comprueba que estén cocidos y se escurren.

En una sartén con aceite se rehogan a fuego lento las berenjenas, los calabacines, los pimientos, los tomates y los ajos, todo ello pelado y picado en pequeños trozos. Cuando esté bien tierno, se sazona con sal y pimienta.

La pasta se dispone en una fuente, se mezcla con el revuelto de verduras y se sirve con el queso parmesano espolvoreado por encima.

FIDEOS A LA FINAS HIERBAS

Ingredientes para 4 personas
1 / 2 kilo de fideos, 2 dientes de ajo,
75 gramos de menta fresca, 75 gramos de albahaca,
50 gramos de romero, perejil, aceite, sal.

Preparación

Los fideos se cuecen en abundante agua hirviendo con un poco de sal durante 10 minutos, y después se escurren.

Mientras cuecen los fideos, se ponen en una sartén con aceite los ajos cortados en láminas muy delgadas. Cuando comiencen a dorar, se añaden las hierbas picadas muy menudas —menta, albahaca, romero y un poco de perejil— dejándolo todo a fuego lento por espacio de unos minutos.

Una vez escurrida la pasta, se dispone en una fuente amplia, donde se le incorporan las finas hierbas, removiendo para que mezclen bien. Se sirve rápidamente antes de que los fideos enfríen.

LASAÑA CON ESPINACAS

Ingredientes para 4 personas

250 gramos de lasaña, 1 / 2 kilo de espinacas frescas,
2 tomates, 2 yogures naturales, 2 huevos, 1 diente de ajo,
2 cucharadas de queso parmesano rallado,
nuez moscada, pimienta, sal.

Preparación

Las espinacas, bien lavadas, se cuecen en agua con sal y, una vez cocidas, se escurren, sazonándolas con pimienta y nuez moscada. A continuación, se mezclan con un yogur, el ajo picado y una yema de huevo. Aparte, se prepara un salsa batiendo el yogur restante con el otro huevo batido y la mitad del queso parmesano.

En una fuente refractaria se coloca parte de la lasaña, previamente cocida —10 minutos en agua hirviendo con un poco de sal— y escurrida, y sobre ella una capa del preparado de espinacas, luego otra de lasaña y así sucesivamente hasta terminar con una de pasta. Por encima se vierte la salsa que se tenía preparada, y se adorna con unas rodajas de tomate y el resto del queso rallado.

La lasaña se introduce unos 25 minutos en el horno a temperatura media hasta que adquiera un aspecto dorado y se sirve después, muy caliente.

MACARRONES CAMPESINA

Ingredientes para 4 personas

250 gramos de macarrones, 150 gramos de champiñones,
1 lata de guisantes, 1 lata de pimientos rojos, 1 taza de leche,
2 cucharadas de margarina, 1 cebolla pequeña,
125 gramos de queso rallado, perejil, aceite, sal.

Preparación

Los macarrones se cuecen en abundante agua hirviendo con sal y una cucharada de aceite durante 10 minutos. Se comprobará que la pasta esté en su grado adecuado de cocción —dejándola cocer un poco más en caso contrario— y, cuando esté a nuestro gusto, se escurre y se reserva.

Aparte, en una sartén grande, se pone la margarina junto con los champiñones, los pimientos, la cebolla troceada —todo ello picado— y se rehoga todo durante unos minutos. A continuación, se añade la leche, se sazona de sal y se mezcla todo, incorporando también el queso rallado. Se cocina de nuevo unos minutos más. Luego, se agregan los guisantes y los macarrones y se termina la preparación dejándolo cocer un poco más para que mezclen bien todos los ingredientes. Durante ese tiempo se deberá remover al menos dos veces. En el momento de servir, se espolvorea con perejil picado.

MACARRONES CON SETAS

Ingredientes para 4 personas

300 gramos de macarrones, 1/2 kilo de setas,
300 gramos de tomates, 50 gramos de margarina,
50 gramos de queso rallado, 1 cebolla,
1 cucharada de pan rallado, aceite, sal.

Preparación

Los macarrones se cuecen durante 10 minutos en agua hirviendo con un poco de sal y después se escurren. Aparte, en una cazuela con aceite caliente se fríen la cebolla picada y las setas —cortadas en láminas finas—. Se sazona todo con un poco de sal y se deja cocer lentamente por espacio de 15 minutos. Transcurrido este tiempo, se añaden los tomates —pelados y troceados—, y se remueve, manteniéndolo en el fuego hasta que se evapore el jugo que suelten las setas.

En una fuente refractaria honda se mezclan los macarrones con las setas y un poco de queso rallado. El resto del queso y el pan rallado se espolvorean por encima junto con unas bolitas de margarina. Se introduce en el horno a temperatura fuerte hasta que se forme una costra y se sirve a continuación.

MENESTRA FRÍA DE LAZOS Y TALLARINES

Ingredientes para 4 personas

200 gramos de pasta tipo lazo, 200 gramos de tallarines,
2 tomates frescos, 1 pimiento verde, 1 pimiento rojo, 1 limón,
1 cucharada de mostaza —a la pimienta verde—,
1 cucharadita de salsa Worcester, 1 ramita de albahaca,
aceite, sal.

Preparación

Los tomates se escaldan, se pelan y se cortan en trocitos procurando retirar las semillas. Los pimientos, una vez asados, se pelan y se cortan en tiras.

Aparte, se baten en un cuenco un poco de aceite y sal, añadiendo después el zumo de limón, la mostaza y la salsa Worcester. Se mezcla todo bien y se reserva.

Los dos tipos de pasta se cuecen a la vez durante 10 minutos en agua hirviendo y sal; cuando esté cocida, se pasa unos momentos por agua fría, colocándola a continuación en una fuente de servir.

En este punto, se vierte por encima la salsa que se tenía reservada y se agregan los tomates y los pimientos. Se mezcla todo muy bien y se sirve espolvoreado con la albahaca picada muy menuda.

PAJA Y HENO CON MANZANAS

Ingredientes para 4 personas
200 gramos de cintas nido al huevo,
200 gramos de cintas nido a las espinacas,
250 gramos de manzanas, 150 gramos de judías verdes,
1 melocotón, 1 cucharada de cebollino picado, vinagre,
perejil, pimienta, aceite, sal.

Preparación

Los dos tipos de cintas se cuecen en abundante agua hirviendo con un poco de sal durante 10 minutos. Entre tanto, se trocean muy menudos el melocotón y las manzanas. Por su parte, las judías verdes se cuecen también en agua y sal hasta que estén tiernas; ya en su punto, se escurren y se reservan.

Cuando la pasta esté cocida, se escurre muy bien y se dispone en una fuente amplia, donde se mezcla con las frutas y las judías. Se aliña el conjunto con un chorro de vinagre, el cebollino picado, un poco de perejil también picado, pimienta al gusto, aceite y sal.

Por último, se remueve todo para que se mezcle bien sirviéndolo a continuación.

TORTELLINIS
CON CREMA DE PISTACHOS

Ingredientes para 4 personas
400 gramos de tortellinis, 100 gramos de pistachos,
100 gramos de queso rallado,
150 gramos de margarina, sal.

Preparación

Los tortellinis se cuecen en abundante agua y sal durante 10 minutos. Tras comprobar que estén suficientemente cocidos, se escurren y se disponen en la fuente de servir.

Los pistachos se pelan, y echan en agua hirviendo, cocinándolos hasta que estén blancos. Ya cocidos, se sacan, se escurren y se deshacen con ayuda de un mortero hasta obtener una crema fina. La margarina se derrite en una sartén durante unos minutos y se mezcla a continuación con los pistachos, removiendo para que la crema quede uniforme.

Los tortellinis se sirven muy calientes, revueltos con la crema de pistachos y espolvoreados con el queso rallado.

TORTELLINIS CON VERDURAS
Y ALMENDRAS

Ingredientes para 4 personas

300 gramos de tortellinis, 1/2 pimiento rojo,
1/2 pimiento verde, 6 cucharadas de tomate frito, 12 almendras,
1 vaso pequeño de vino blanco, 1 cebolla, 3 dientes de ajo,
1 cucharada de pimentón dulce, perejil, aceite, sal.

Preparación

En una sartén con un poco de aceite, se ponen los pimientos, la cebolla y el ajo —todo ello finamente picado— y se rehogan durante unos minutos hasta que doren. Después, se sazona con sal y se agrega el tomate frito, el vino, el pimentón y las almendras peladas y troceadas muy menudas. Una vez esté todo bien mezclado, se retira del fuego y se reserva tapado.

En una cazuela, se ponen a cocer durante 10 minutos los tortellinis con abundante agua hirviendo y sal. Finalmente, se escurren, se mezclan con la salsa ya preparada y se sirven espolvoreados con perejil picado.

SETAS

BARBUDAS GRATINADAS

Ingredientes para 4 personas

600 gramos de setas barbudas —se emplearán sólo los sombreros—,
1 vaso de leche o nata líquida, pan rallado. 4 dientes de ajo,
perejil, aceite, sal.

Preparación

Se cortan los sombreros en trozos. En una sartén con aceite se fríen los dos dientes de ajo, picados muy menudos, procurando que no se quemen. Una vez dorados, se añaden las setas y se dejan freír hasta que se evapore el jugo que sueltan.

A continuación, se sacan de la sartén, se escurren bien de aceite y se pasan a una fuente refractaria de vidrio o barro, donde se sazonan con sal y se riegan con la leche o nata líquida. Las setas se espolvorean con pan rallado y, para decorarlas, se pican por encima hojas de perejil. Finalmente, se gratinan en el horno, precalentado a 220 grados, hasta que se dore el pan rallado. En ese momento, se sirven.

BOLETOS EN ENSALADA

Ingredientes para 4 personas
500 gramos de boletos, 1 chalota,
20 gramos de margarina, vinagre de hiervas,
azúcar, aceite, pimienta negra, finas hiervas, sal.

Preparación

Los boletos se lavan, se escurren bien y se cortan en rodajas finas. En una satén se calienta la margarina y se rehoga en ella la chalota pelada y picada muy fina. Cuando empiece a tomar color se incorporan las setas y se dejan freír hasta que se haya consumido el líquido que sueltan.

En su punto se retiran del fuego y se pasan a una fuente o ensaladera y se dejan enfriar unos momentos. Entre tanto, en un cuenco se pone una cucharada de vinagre de hierbas y se deslíe en él una pizca de azúcar. Se incorporan entonces tres cucharadas de aceite de oliva, una cucharada de finas hiervas picadas muy menudas, sal y pimienta al gusto.

Finalmente, se riegan con este aliño las setas aún calientes removiendo para mezclarlo todo bien. Se sirven en el momento.

BOLETOS ENVUELTOS

Ingredientes para 4 personas

500 gramos de boletos, 300 gramos de harina,
1 cebolla, 1 vaso de nata, 1 cucharada de sémola,
margarina, aceite, sal.

Preparación

La harina se coloca en un recipiente amplio haciendo un hueco en el centro. Se vierten en éste ocho cucharadas de agua tibia, cinco cucharadas de margarina y media cucharada de sal, amasando poco a poco hasta formar una pasta que debe reposar durante 25 minutos.

Entre tanto, se limpian los boletos y se cortan después en láminas. La cebolla picada muy fina se fríe en una sartén con aceite pero sin que llegue a dorar. Cuando esté en su punto, se incorporan los boletos y se rehogan hasta que se consuma el líquido que sueltan.

Aparte, se precalienta el horno a 200 grados y, transcurriendo el tiempo de reposo de la masa, ésta se estira con ayuda del rodillo pastelero sobre un paño de cocina enharinado hasta dejarla bien fina. Se mezclan la sémola y la nata y se unta con esta preparación la masa, poniendo encima las setas. Se enrolla entonces con ayuda del paño y se coloca sobre la bandeja del horno engrasada. Por último, se pinta el rollo con margarina derretida, se mete en el horno y se cuece por espacio de 20 minutos. Una vez cocido, se retira del horno y se sirve tibio o frío.

CARPACCIO DE BOLETOS GRATINADOS

Ingredientes para 4 personas

500 gramos de boletos grandes, 2 cucharadas de aceite de oliva,
2 cucharadas de aceite de oliva virgen, 4 cucharadas de vinagre,
1 cucharada sopera de queso parmesano rallado,
1 ramillete de cebollino, sal gorda.

Preparación

Los boletos se limpian con mucho cuidado para que no se rompan y se les quita la parte inferior del tallo. Luego, se colocan en una bandeja, introduciéndolos en el congelador por espacio de 45 minutos.

Entre tanto, en un cuenco se mezclan los dos tipos de aceite, el vinagre, media cucharada de sal y el cebollino picado muy menudo batiendo todo hasta conseguir una crema. Transcurrido el tiempo de reposo de los boletos, se retiran del congelador y se cortan en láminas muy finas, dejándolos macerar en la vinagreta anterior durante cinco minutos.

Entonces se escurren, se colocan sobre una fuente refractaria, se rocían con el líquido de la maceración y se espolvorean con el queso rallado. Por último, se introducen en el horno precalentado y se gratinan uno o dos minutos, sirviéndolos de inmediato.

CRIADILLAS EN SALSA VERDE

Ingredientes para 4 personas
1 kilo de criadillas de tierra, 2 cucharadas de harina,
1 vaso grande de vino blanco, 1 cebolla mediana,
perejil, aceite, sal.

Preparación

Las criadillas se limpian bien frotándolas con un cepillo. Con un cuchillo se les quitan las partes deterioradas y se cortan en láminas finas. Se ponen a cocer en una cazuela tapada, con abundante agua y un poco de sal, durante unos 10 minutos. Cuando estén cocidas, se sacan y se escurren utilizando un escurridor de verduras. Después se vuelven a introducir en la cazuela y se reservan.

En una sartén con aceite caliente se fríe la cebolla picada. Cuando esté tierna, se añade una ramita de perejil también picado, rehogando ambas cosas juntas. Una vez dorada la cebolla, se incorpora la harina, removiendo constantemente con ayuda de una cuchara de madera, hasta que la harina tome también color dorado. A continuación, se agregan el vino y un chorro de agua, se sazona todo con un poco de sal y se cuece unos minutos más. La salsa se pasa por un pasapurés y se vierte sobre las criadillas. Finalmente, se tapan y se cuecen por espacio de 45 minutos. Se sirven calientes.

CHAMPIÑONES BELMONTINA

Ingredientes para 4 personas

3/4 kilo de champiñones, 2 tomates medianos maduros,
2 zanahorias medianas, 1 vaso grande de vino blanco,
1 cebolla mediana, 2 dientes de ajo, 1 hoja de laurel,
pimienta molida, perejil, aceite, sal.

Preparación

En una sartén con aceite se fríen la cebolla picada menuda, las zanahorias cortadas en cuadrados pequeños y los dientes de ajo enteros. Cuando estén dorados estos ingredientes, se añaden el vino blanco, unas ramitas de perejil, el laurel y un poco de pimienta y sal. Se rehoga todo junto por espacio de unos 10 minutos y, después, se agregan los champiñones limpios —si son pequeños se dejan enteros y si son grandes se trocean previamente—. Por último, se incorporan los tomates pelados y en trozos.

Se deja cocer todo destapado durante unos 15 minutos y se pasa luego a una fuente, retirando los ajos, el perejil y el laurel. Los champiñones se aliñan con un chorro de aceite crudo y se espolvorean con perejil picado. Se sirven fríos.

CHAMPIÑONES CON UVAS

Ingredientes para 4 personas
1 kilo de champiñones, 1 kilo de tomates,
1 vaso de vino tinto, 4 cucharadas de uvas pasas, 1 cebolla,
2 dientes de ajo, pimienta, aceite, sal.

Preparación

Los champiñones se limpian con un pincel, y se dejan enteros si son pequeños y se cortan a la mitad si son grandes. Aparte, se pelan los tomates y se trocean, quitándoles las semillas.

En una cacerola se echan los tomates cortados, el vino, un poco de pimienta y sal. Se deja cocer todo, tapado y a fuego lento, durante unos minutos. Mientras tanto, en una sartén con un chorrito de aceite se fríen la cebolla y el ajo, ambos picados muy menudos. Cuando estén tiernos, se añaden los champiñones y se mantienen en el fuego hasta que comiencen a soltar el jugo.

A continuación, se pasa este sofrito a la cacerola, donde se mezcla con el preparado anterior, agregando también las uvas pasas. Se cuece todo tapado y a fuego lento por espacio de cinco minutos, permitiendo después que salga el vapor. Por último, se deja enfriar y se sirve en platos individuales.

CHAMPIÑONES RELLENOS

Ingredientes para 4 personas

1 kilo de champiñones grandes, 1 pimiento verde, 4 huevos,
1 limón, 2 vasos de vino de Jerez seco, 1 cucharadita de harina,
2 cebollas grandes, 4 dientes de ajo, perejil, pimienta, aceite, sal

Preparación

Se limpian los champiñones y se separan los sombreros de los tallos,
rociando las cabezas con zumo de limón para que no tomen un color oscuro. Se saca algo de carne de las cabezas y se reservan.

En una cazuela con un poco de aceite, se rehogan dos dientes de ajo,
una cebolla y perejil —todo ello picado menudo—. Cuando doren, se
incorporan los troncos de los champiñones troceados y un vaso de vino. Mientras cuecen, se baten los huevos sazonados con sal y pimienta, y se cuajan —no excesivamente— en una sartén con un chorro de aceite. Ya cocidos los troncos, se unen a los huevos y se rectifica
de sal. Con este preparado se rellenan las cabezas de los champiñones y, a continuación, se pasan a una fuente refractaria engrasada.

En un recipiente aparte con aceite, se prepara una salsa con la otra
cebolla, dos dientes de ajo y el pimiento —todo ello picado—, la carne sobrante de las cabezas de champiñón y la harina. Se mezcla todo bien y se vierten por encima otro vaso de vino y un chorro de agua.
Se mantiene a fuego moderado hasta que el pimiento esté tierno y
entonces se pasa por el pasapurés. Se comprueba de sal y se echa un
poco de perejil picado. La salsa se vierte sobre las cabezas rellenas.

Por último, se introduce la fuente en el horno, precalentado a temperatura alta, durante 10 minutos. Se sirve de inmediato, muy caliente.

PASTEL DE SETAS

Ingredientes para 4 personas

400 gramos de setas, 100 gramos de acelga, 1 zanahoria,
1 puerro, 4 huevos, 1 vaso pequeño de nata líquida,
1 cucharada de margarina, 1 copa de Jerez, 2 cebollas, pimienta,
aceite, sal.

Preparación

Las setas se limpian y se trocean. Las acelgas, lavadas y picadas, se cuecen durante dos o tres minutos en un poco de agua y sal, y luego se escurren. En una sartén amplia con aceite se fríe una cebolla hasta que comience a dorar. En ese punto, se añaden las setas y las acelgas, se sazonan con sal y pimienta, y se cocinan a fuego lento durante unos minutos, removiéndolas regularmente.

Los huevos se baten con la nata, agregándoles después las acelgas y las setas. Esta mezcla se vierte en un molde engrasado y se cuece en horno medio, al baño María, hasta que cuaje, retirándolo entonces del horno para que se enfríe. Cuando el pastel esté tibio, se desmolda.

Aparte, se prepara una salsa para cubrir el pastel. Para ello, se pone sobre el fuego una sartén con una cucharada de margarina y, cuando se haya derretido, se incorporan la otra cebolla picada muy menuda, el puerro en rodajas muy finas, la zanahoria rallada, el vino y un chorro de agua. Se deja cocer todo a fuego lento y, una vez que estén tiernas las verduras, se sazonan con sal y se pasan por el pasapurés. Por último, se vierte la salsa sobre el pastel y se sirve.

RELLENO DE SETAS

Ingredientes para 4 personas

3/4 kilo de setas, 4 patatas grandes, 1 cucharada de harina,
1 vaso de leche, 1 vaso de nata líquida, 2 cebollas,
1 cucharada de margarina, 1 vaso de Jerez o brandy,
1 limón, 1 diente de ajo, perejil, pimienta, aceite, sal.

Preparación

Las patatas se lavan y se cuecen sin pelar en una olla con agua y sal.
Cuando estén cocidas, se sacan, se dejan enfriar y se pelan. Se cortan por la mitad, longitudinalmente, y se vacían un poco —de forma que quede hueco para rellenarlas—, reservando lo que sobra de
vaciarlas.

Aparte, se limpian bien las setas y se pican muy menudas. En una
cazuela, con la margarina, se rehogan las cebollas y el ajo —ambos
ingredientes picados— y se añaden después las setas, el zumo de limón, la cucharada de harina y el vaso de Jerez o brandy. Se mantiene en el fuego hasta que se evapore el líquido, y en este punto se incorporan la leche —sin dejar de remover— y la nata líquida. Se
sazona con sal y pimienta, se agregan las sobras de las patatas que
se reservaron y se espolvorea con perejil picado. Todo ello se deja cocer hasta que las setas estén tiernas.

En una fuente refractaria engrasada se disponen las medias patatas
rellenas con el preparado anterior; si sobra, se extiende el resto por
encima. Se introduce en el horno durante cinco minutos y se sirve
bien caliente.

SETAS CON AGUACATE

Ingredientes para 4 personas

400 gramos de setas, 4 aguacates maduros,
75 gramos de margarina, 1 tazón de salsa rosa,
200 gramos de nueces picadas, sal.

Preparación

Las setas, una vez limpias y troceadas, se rehogan en una sartén con la margarina. Cuando estén tiernas, se retiran del fuego y se dejan enfriar. En un recipiente aparte se ponen la salsa rosa, las nueces picadas y las setas, se mezcla todo bien y se sazona de sal.

Los aguacates se pelan, se cortan por el medio y se les quita el hueso, rellenando los huecos con el preparado anterior. Han de servirse de inmediato para el aguacate no adquiera un color oscuro.

SETAS A LA MEDITERRÁNEA

Ingredientes para 4 personas

8 sombreros de setas jóvenes, 2 tomates, 1 pepino pequeño,
2 escalonias, 4 rebanadas de pan de centeno, 2 dientes de ajo,
margarina, pimienta negra recién molida, sal.

Preparación

Se limpian bien las setas con cuidado de no romperlas y se cortan
en láminas muy finas, sazonándolas luego con sal. Los tomates se
lavan y se parten en rodajas. El pepino se pela también y se corta
en discos.

En el fondo de una fuente amplia se colocan las rodajas de tomate, encima se distribuyen los discos de pepino y las setas. Se añaden
las escalonias picadas muy menudas y se sazona todo con sal y pimienta.

Aparte, en una sartén con una cucharada de margarina caliente se
fríen las rebanas de pan. Ya fritas, se escurren y se frotan bien con los
dientes de ajo decorando con ellas la fuente con las setas. Se sirven
de inmediato.

SETAS RELLENAS DE ARROZ

Ingredientes para 4 personas

12 setas de sombreros grandes, 8 cucharadas de arroz cocido,
1 huevo, 3 cucharadas de queso parmesano rallado, 1 cebolla,
1 diente de ajo, pimienta, perejil, aceite, sal.

Preparación

Se limpian muy bien las setas, se quitan los tallos y se pican muy menudos. Los sombreros se colocan con la parte cóncava hacia arriba —como si fueran cestas o barquitas— en una fuente refractaria engrasada con un poco de aceite.

En una sartén aparte, se rehoga la cebolla picada hasta que esté tierna. Entonces, se añaden el ajo troceado y los tallos de las setas que se tenían reservados. Se fríe todo junto durante tres minutos y se agregan el arroz, un poco de perejil picado, la mitad del queso rallado y el huevo batido. Se sazona de sal y pimienta y se revuelve, uniéndolo todo muy bien.

Los sombreros se rellenan con esta mezcla, virtiendo sobre ellos un chorro de aceite y el resto del queso espolvoreado. Se introduce la fuente en el horno por espacio de 20 minutos y, cuando estén dorados, se sirven.

SETAS SEMIDULCES

Ingredientes para 4 personas

1 kilo de setas pequeñas, 2 cucharadas de azúcar,
4 cucharadas de vinagre, 4 clavos, 2 hojas de laurel,
pimienta, aceite, sal.

Preparación

Las setas se limpian muy bien con ayuda de un pincel o con el mango de un cuchillo y se dejan enteras. Aparte, se echan en una sartén mediana tres cucharadas de aceite y el resto de los ingredientes —las cucharadas de vinagre, los clavos, el laurel y el azúcar—.

Todo ello se pone sobre el fuego y se mantiene por espacio de cinco minutos. A continuación, se incorporan las setas, dejándolo hervir junto durante cuatro minutos.

Por último, y tras sazonar de sal y pimienta, se dejan enfriar y se sirven. Las setas semidulces son excelentes para tomar como aperitivo.

VOLOVÁN DE SETAS

Ingredientes para 4 personas

200 gramos de harina, 1 / 2 cucharadita de levadura en polvo,
150 gramos de margarina, 1 yema de huevo, 500 gramos de
boletos bayos, 1 cebolla, 1 diente de ajo, 1 vaso de crema,
estragón, tomillo, pimienta blanca, pimienta negra, sal.

Preparación

La harina y la levadura mezcladas se tamizan y colocan sobre una
superficie de trabajo formando una montaña con un hueco en el centro. En él se ponen cuatro cucharadas de agua, 100 gramos de margarina en trocitos, media cucharadita de sal y una pizca de pimienta blanca.

Se remueve todo con cuidado para conseguir una masa que se tra-
baja hasta dejarla fina. Se estiran entonces dos terceras partes de la
masa con el rollo y se coloca en el fondo de un molde —previamente
engrasado con margarina— subiendo los bordes unos dos centímetros.
Se deja en reposo.

Las setas se limpian, lavan y escurren antes de cortarlas en láminas
finas. En una sartén se calienta el resto de la margarina y se fríen
la cebolla y el diente de ajo picados menudos. Cuando empiezan a
tomar color se incorporan las setas, dejándolas hacerse hasta que se
consuma el líquido que sueltan.

En su punto se sazonan con sal y pimienta negra recién molida,
agregando la crema y espolvoreando con dos ramitas de tomillo y dos
de estragón frescos picados muy fino. Se remueve para mezclarlo todo bien y se vierte la salsa sobre la masa en la placa de horno. Con

ayuda del rodillo se extiende el resto de la masa y se forma una tapa para el relleno juntando las orillas.

Se pinta la superficie con yema de huevo y se pincha varias veces antes de introducirlo en el horno precalentado a 220 grados durante 30 minutos.

PLATOS VARIADOS

AJO BLANCO

Ingredientes para 4 personas

500 gramos de almendras peladas, 200 gramos de miga de pan, 4 cucharadas de vinagre de sidra, 4 dientes de ajo, aceite, sal.

Preparación

El ajo blanco es una sopa fría o gazpacho de gran tradición popular. Para prepararlo, se comienza triturando las almendras y el ajo en un mortero o picadora, hasta formar una crema. El pan se remoja en un poco de agua con sal o leche y, cuando esté empapado, se escurre y se mezcla con las almendras y el ajo. También se añaden cuatro cucharadas de aceite, el vinagre y un poco de sal.

A continuación, y sin dejar de remover, se incorpora poco a poco agua —aproximadamente un litro— hasta que el preparado alcance la consistencia deseada. El ajo blanco se reserva dentro de la nevera hasta el momento de servir, lo que se puede hacer acompañándolo de uvas peladas sin semillas, trozos de pan tostado o porciones de manzana o pera peladas.

APERITIVO DE MELÓN

Ingredientes para 4 personas

4 melones pequeños y maduros, 4 rodajas de piña natural,
4 tomates pequeños, 100 gramos de aceitunas negras,
100 gramos de aceitunas verdes, 1 lechuga, 1 limón, sal.

Preparación

La piña se corta en trozos pequeños. Los tomates se lavan y se trocean. Se lavan también unas hojas de lechuga, reservándolas después.

Los melones —que han de ser pequeños—, se cortan por uno de los extremos, de forma que puedan mantenerse en posición vertical; el otro
extremo se corta también, quitándoles por ese lado las semillas y ex-
trayendo, con ayuda de una cuchara, parte de la pulpa, que se con-
servará en la nevera hasta el momento de ser utilizada. El interior
de los melones se cubre con hojas de lechuga, colocándolos luego en
una fuente grande.

A continuación, se mezclan en un recipiente la piña, los tomates, las
aceitunas picadas y un pellizco de sal. Se vierte el zumo de un limón y con este preparado se rellenan los melones, distribuyendo por
encima la pulpa de melón. Por último, se introducen en la nevera para que estén bien fríos en el momento de servirlos.

ASPIC COLORADO

Ingredientes para 4 personas

1 / 2 kilo de tomates, 1 lata pequeña de pimientos rojos,
1 / 2 limón, 1 vaso de nata líquida,
1 sobre de gelatina en polvo, 1 diente de ajo, sal.

Preparación

Los tomates, pelados, troceados y limpios de semillas, se trituran en la batidora junto con el ajo, el zumo de medio limón y un pimiento. Cuando esté todo bien deshecho, se vierte en un recipiente y se reserva.

Aparte, en un cazo se pone a calentar medio vaso de agua y, en el momento en que rompa a hervir, se añade la gelatina, se remueve un poco y se retira del fuego. A continuación, se agregan el preparado de tomate y la nata líquida muy espesa —puede batirse en la batidora hasta que espese lo suficiente—, sazonándolo todo con sal. Esta mezcla se vierte en un molde —redondo o en forma de corona— y se introduce en la nevera durante al menos tres o cuatro horas antes de servir. Este plato es idóneo para los días calurosos de verano.

COMBINADO DE
FRUTAS TROPICALES Y ARROZ

Ingredientes para 4 personas

250 gramos de arroz, 2 piñas maduras, 1 pomelo,
2 kiwis, 2 naranjas, 200 gramos de queso Emmenthal,
1 limón, aceite, sal.

Preparación

En un recipiente con agua y sal se cuece el arroz durante 15 minutos. Una vez cocido, se lava en agua fría, se escurre y se reserva.

Las piñas se cortan a la mitad, en sentido longitudinal, y con ayuda de una cuchara se extrae su pulpa, que se pondrá en un cuenco cortada en trozos pequeños. Con las cortezas de las piñas se forman unas barquitas, que se reservan en la fuente de servir para rellenarlas posteriormente.

Las naranjas, el pomelo y los kiwis se pelan bien, se trocean y se mezclan en un cuenco con el arroz, la pulpa de las piñas y el queso cortado en cuadraditos. Se aliña todo con el zumo de limón, aceite y sal; después, se remueve, y con este preparado se rellenan las cortezas de las piñas. El combinado se sirve frío.

FLANES DE BRÉCOL
CON SALSA DE LIMÓN

Ingredientes para 4 personas

1 / 2 kilo de brécol, 1 / 2 vaso de leche, 1 / 2 vaso de nata líquida, 3 huevos y 2 yemas, 1 manojo de cebollitas tiernas, 1 limón, caldo vegetal, 125 gramos de margarina, aceite, pimienta, sal.

Preparación

El brécol se cuece en una cacerola con agua hirviendo y un poco de sal durante cinco minutos. Pasado este tiempo, se escurre y se reserva. En una sartén con un poco de aceite caliente se fríen las cebollitas picadas menudas, y cuando empiecen a dorar se incorpora el brécol picado rehogándolo durante unos minutos.

A continuación, se riega el preparado con el caldo caliente y se deja cocer todo junto hasta que se reduzca el líquido. Aparte, en un cuenco se baten los tres huevos mezclándolos con la leche, la nata, una pizca de pimienta y sal al gusto. Esta mezcla se incorpora entonces al brécol y, después de removerlo bien, se reparte entre ocho flaneras previamente untadas con aceite. Éstas, se colocan en un recipiente apropiado para cocer los flanes, que se pondrán en el horno al baño María durante 30 minutos o hasta que estén cuajados.

Mientras tanto, en un cazo se mezclan el zumo del limón con 25 gramos de margarina, cuatro cucharadas de agua y las dos yemas. Se sazona la salsa con sal y pimienta y se cuece al baño María, sin dejar de remover hasta que espese. Poco a poco se va añadiendo el resto de la margarina en trocitos removiendo continuamente y agregando, por último, un poco de corteza de limón rallada. Ya cocidos los flanes, se retiran del horno desmoldándolos sobre una fuente amplia. Se sirven cubiertos con la salsa de limón.

SOUFFLÉ DE ESPINACAS

Ingredientes para 4 personas

*700 gramos de espinacas, 4 huevos 2 cucharadas de harina,
75 gramos de margarina, 1/2 litro de leche,
aceite, pimienta, sal.*

Preparación

Las espinacas se lavan y se cuecen en agua hirviendo y sal hasta que estén tiernas. En su punto, se escurren y se pican menudas dejándolas en reserva. Con 50 gramos de margarina, la harina y la leche se prepara una salsa bechamel espesa y se sazona con sal y pimienta.

En un recipiente amplio se calienta el resto de la margarina para rehogar las espinacas durante unos minutos, añadiendo después la salsa bechamel. Se mezcla todo bien dejándolo enfriar.

Cuando el preparado esté casi frío se incorporan las yemas y, una vez unidas, se agregan las claras batidas a punto de nieve removiendo con cuidado de abajo arriba con una cuchara de madera para que no se bajen.

A continuación, se vuelca la mezcla en un molde apropiado untado de aceite y se alisa la superficie formando una montaña. Por último, se introduce en el horno precalentado a temperatura moderada para cocer el soufflé durante 30 minutos. Transcurrido este tiempo, se retira del horno llevándolo de inmediato a la mesa.

POSTRES

ALBARICOQUES CON TRIGO

Ingredientes para 4 personas

1 / 2 kilo de albaricoques, 80 gramos de harina de trigo integral,
100 gramos de almendras, 100 gramos de miel de acacia,
1 litro de crema de leche, 1 pizca de vainilla molida.

Preparación

Una vez lavados y cuidadosamente secados, los albaricoques se cortan en cuatro trozos y se deshuesan. Mientras tanto, en una sartén
con fondo grueso se tuestan a fuego lento la harina de trigo y las almendras molidas gruesas, removiendo con una cuchara de madera.

Cuando comiencen a tomar color se añaden los albaricoques y la
miel de acacia, sin dejar de remover hasta que ésta empiece a cara-
melizar. En este punto se incorporan la crema de leche y la vainilla,
dejándolo cocer todo junto un par de minutos más antes de presentar el dulce en una fuente. Se servirá con rapidez.

ARROZ CON LECHE

Ingredientes para 4 personas

1 vaso de arroz, 1 litro de leche, 6 cucharadas de azúcar,
1 cáscara de limón, 25 gramos de margarina,
canela en rama, sal.

Preparación

En un cazo se ponen al fuego la mitad de la leche, un poco de agua
y el arroz. Cuando la mezcla esté caliente, se sazona con sal y se
añaden la cáscara de limón y una rama de canela atada con un hilo para que no se deshaga durante la cocción.

Se deja cocer todo junto a fuego lento, revolviendo hasta el fondo con
una cuchara de madera para que no se pegue. Mientras cuece, y a
medida que vaya secando el arroz, se agrega poco a poco el resto de
la leche caliente. Estará en su punto cuando se haya consumido la
leche y el arroz quede cremoso sin estar demasiado espeso.

En este punto, se incorporan el azúcar –puede ponerse más cantidad
si gusta muy dulce– y la margarina, sin parar de remover hasta que
el azúcar quede bien disuelta. Por último, se retiran la cáscara de limón y la canela, pasando el arroz a una fuente, donde se deja reposar unos minutos antes de espolvorearlo con azúcar y tostarlo con
un hierro especial calentado en el fuego al rojo vivo. También se puede espolvorear con canela en polvo en lugar de hacerlo con azúcar.

Si se desea más cantidad de arroz, se aumentarán proporcionalmente
los ingredientes señalados.

BATIDO ESPECIAL

Ingredientes para 4 personas
2 vasos de leche de almendras, nata montada,
2 bolas de helado mantecado, jarabe de piña.

Preparación

La leche de almendras, el helado y dos cucharadas de nata se ponen en la batidora con un chorrito de jarabe de piña. Se baten por espacio de un minuto y luego se vierte en un vaso alto, sirviendo el batido de inmediato. Puede espolvorearse con canela en polvo o vainilla.

BUÑUELOS DE MANZANA

Ingredientes para 4 personas

3 manzanas, 2 huevos, 100 gramos de azúcar,
2 copas de brandy, 200 gramos de harina, leche,
azúcar glas, aceite, sal.

Preparación

Las manzanas, bien peladas, se cortan en rodajas finas quitándoles el corazón y las semillas. Luego, se colocan en un recipiente hondo, donde se rocían con el azúcar y las dos copas de brandy y se dejan macerar durante una hora.

Aparte, en un cazo se ponen las yemas y un poco de sal. Se agrega algo más de medio vaso de leche fría y se remueve hasta que esté todo bien mezclado. A continuación, se añade poco a poco la harina, removiendo sin parar para que no se formen grumos. Cuando se haya logrado una pasta fina y cremosa, se incorporan las claras batidas a punto de nieve y se mezcla todo de nuevo.

En una sartén se pone a calentar abundante aceite. Entre tanto, se rebozan las rodajas de manzana en el preparado anterior, de forma que queden cubiertas por todos los lados con esta pasta. Cuando el aceite esté caliente, se fríen los buñuelos. Ya dorados, se sacan y se colocan en una fuente con papel de cocina para que escurran bien la grasa. Por último, se espolvorean con azúcar glas y se sirven calientes.

CEREZAS CON ZUMO
DE NARANJA

Ingredientes para 4 personas
1 kilo de cerezas maduras, 2 naranjas,
150 gramos de azúcar, 10 hojas de menta.

Preparación

Con las naranjas, bien lavadas, se prepara un zumo. Después se retira la parte blanca de la corteza cortando la piel en juliana. Ésta se pone a hervir en un cazo con agua durante dos minutos y, transcurrido este tiempo, se escurre y se seca con papel absorbente.

En un recipiente se cuecen, por espacio de cinco minutos y a fuego muy suave, 50 gramos de azúcar, cuatro cucharadas de agua y la cáscara de naranja picada. A continuación se retira del fuego y se escurre la piel de naranja, reservando el jugo de la cocción.

Las cerezas, sin rabo ni huesos, se escaldan unos minutos en agua hirviendo —reservando unas pocas—. Tras pasarlas por la batidora, el puré resultante se cuece durante seis minutos con el resto del azúcar. Una vez obtenida la compota, se vierte en una fuente amplia donde se deja enfriar completamente antes de añadirle la mitad de las hojas de menta picadas muy finas, el zumo, la juliana y el jugo de cocción de las naranjas. Se remueve todo y se adorna con las cerezas reservadas y las hojas de menta restantes.

COMPOTA DE MANZANA

Ingredientes para 4 personas

1 kilo de manzanas, 250 gramos de azúcar,
1 limón, canela en rama, vino blanco.

Preparación

Las manzanas, una vez peladas y sin semillas, se cortan en trozos regulares que se pasan a una cazuela junto con medio vaso de agua, el azúcar, un palo de canela y la cáscara de limón cortada en trozos.

Después se cubren con vino blanco, dejándolas cocer a fuego lento hasta que estén tiernas. En su punto, y antes de que lleguen a deshacerse, se pasan a una compotera sirviéndolas calientes o frías con todo su jugo.

CONFITURA DE ALBARICOQUE

Ingredientes para 4 personas
2 kilos de albaricoques, 2 kilo de azúcar, 2 limones,

Preparación

Los albaricoques se lavan, se abren y se les retira el hueso, pasándolos a un recipiente donde se les añaden el zumo de los limones y medio litro de agua. Se ponen a cocer a fuego vivo hasta que se consuma un poco el líquido; entonces, se agrega el azúcar y se continúa la cocción, espumándolos y removiéndolos de vez en cuando con ayuda de una cuchara de madera para que no se peguen al fondo.

Se sabrá que la confitura está en su punto echando un poco en un plato y cogiéndola con los dedos: deberá formarse un hilo entre ellos al separarlos. En este punto, se retira del fuego, se deja enfriar y se distirbuye entre los tarros previamente hervidos que se taparán al día siguiente.

COPAS DE FRESA

Ingredientes para 4 personas
1 / 2 kilo de fresas, 3 naranjas, 4 rodajas de piña,
1 copita de kirsch, 250 gramos de helado de turrón, azúcar.

Preparación

Las fresas, una vez lavadas, se trocean y se pasan a un recipiente donde se les añaden la piña y las dos naranjas peladas, todo ello cortado en trozos.

A continuación, se espolvorea con tres cucharadas de azúcar y se riega con el zumo de la tercera naranja y el kirsch, dejándolo macerar por espacio de 30 minutos. En el momento de servir se distribuyen las frutas en copas individuales, poniendo sobre cada una de ellas una bola de helado.

Crepes de almendra y melocotón 🖝

CREPES DE ALMENDRA
Y MELOCOTÓN

Ingredientes para 4 personas
8 crepes, 500 gramos de melocotones,
60 gramos de almendras, 100 gramos de margarina,
75 gramos de azúcar lustre, 1 limón.

Preparación

Las crepes, una vez preparadas, se reservan. En un recipiente se mezclan el azúcar y la margarina, batiendo hasta obtener una crema espumosa. En este punto, se agregan las almendras molidas y la ralladura del limón, añadiendo a continuación los melocotones cortados en rodajas.

Esta mezcla se distribuye entre las crepes, que se enrollan o doblan según se desee. Por último, se colocan en una fuente refractaria y se introducen en el horno a temperatura moderada durante unos minutos para que calienten. Sin más, se sirven.

DULCE DE MEMBRILLO

Ingredientes para 4 personas
1 kilo de membrillos maduros, 1 kilo de azúcar.

Preparación

Los membrillos se lavan para limpiarlos y se cortan en trocitos —sin pelarlos—, quitándoles las partes duras centrales y las semillas. Luego, se ponen en un cazo y se les echa agua, sólo hasta cubrirlos, cociéndolos a medio fuego hasta que estén tiernos. A continuación, se pasan por el pasapurés y se les agrega el azúcar, dejándolos cocer de nuevo durante otra hora y media, cuidando de remover varias veces con ayuda de una cuchara de madera.

En este punto, se vierte el preparado en un paño de cocina limpio y grande y se unen sus cuatro extremos, colgándolo en un lugar dondo pueda escurrir todo el líquido que le sobre. Transcurridos unos 20 minutos y, antes de que el preparado enfríe por completo, se pasa a un recipiente de cristal y se deja enfriar, desmoldándolo con un cuchillo cuando ya esté frío.

GELATINA DE FRUTAS VARIADAS

Ingredientes para 4 personas
100 gramos de harina, 6 yemas de huevo,
1 / 2 litro de zumo de ciruelas, 1 sobre de gelatina de limón,
1 sobre de gelatina insabora en polvo, 1 melón pequeño,
colorante alimentario verde, 2 melocotones, 1 / 4 kilo de moras,
1 / 4 kilo de frambuesas, azúcar, 1 copita de ron.

Preparación

En un recipiente se ponen la pulpa del melón cortada en bolitas, los melocotones pelados y troceados, las moras y las frambuesas lavadas; tras espolvorear con cuatro cucharadas de azúcar y rociar con el ron, se deja macerar en el frigorífico.

En un cazo se baten las yemas y 200 gramos de azúcar hasta obtener una mezcla espumosa, incorporando entonces la harina y el zumo de ciruelas y revolviendo hasta diluirlo todo.

A continuación se calienta el recipiente durante unos 15 minutos, removiendo el preparado varias veces a lo largo de la cocción.

Transcurrido este tiempo, se diluye el contenido de los sobres de gelatina en un poco de agua, agregándolo a la crema junto con las gotas de colorante y revolviéndolo todo hasta dejarlo uniforme.

La mezcla se vierte en un molde de anillo que se deja en el frigorífico por espacio de cuatro horas o hasta que cuaje completamente. Al tiempo de servir se sumerge el molde un instante en agua hirviendo, volcándolo después sobre una fuente y rellenando el centro del anillo con las frutas reservadas en maceración.

GRANIZADO DE NARANJA
Y ZANAHORIA

Ingredientes para 4 personas
1 kilo de naranjas, 2 zanahorias, 2 limones,
100 gramos de azúcar.

Preparación

Las zanahorias, peladas y troceadas, se colocan en un recipiente con el azúcar y el zumo de las naranjas y de los limones. Se pasa todo por la batidora y después se cuela. El jugo obtenido —del que se reserva un vaso— se vierte en la bandeja de cubitos de hielo después de haber retirado la rejilla.

A continuación, se introduce en el congelador hasta que esté helado, removiendo de vez en cuando. En el momento de servir, se raspa la superficie con una cucharilla y se deshace el bloque, poniendo el granizado en copas individuales hasta la mitad, rellenando el resto con el líquido reservado. Se sirven muy frías.

Este delicioso granizado puede prepararse del mismo modo con otros ingredientes. Por ejemplo, poniendo la misma cantidad de zumo de naranja y cava y sustituyendo las zanahorias por una o dos manzanas.

GROSELLAS EN CREMA

Ingredientes para 4 personas

1 / 2 kilo de grosellas, 6 hojas de gelatina, 4 huevos,
2 cucharadas de azúcar vainillado, 100 gramos de azúcar,
2 cucharadas de kirsch, 1 / 2 litro de nata montada, leche.

Preparación

Las grosellas —mitad rojas y mitad negras si se desea—, una vez lavadas y escurridas, se separan de los racimos reservando algunas para el adorno y pasando el resto por un pasapurés. La gelatina se pone a remojar en un cuarto litro de agua.

Aparte, se separan las claras de las yemas y se ponen estas últimas al baño María, batiéndolas con el azúcar normal y el vainillado. Después, se les añade poco a poco un vaso de leche hirviendo sin dejar de remover durante cinco minutos.

En ese punto, se agregan las hojas de gelatina escurridas y, por último, el puré de grosellas —cucharada a cucharada—. Cuando la crema esté uniforme se aparta del fuego y se deja enfriar. Luego, se baten las claras a punto de nieve y se mezclan con la mitad de la nata montada. Una vez que la crema de grosellas empiece a cuajar se incorpora a la nata montada y las claras, vertiendo el preparado en copas individuales que se meten en la nevera hasta que cuaje completamente.

Al tiempo de servir, se mezclan el resto de la nata montada con el licor y se distribuye en las copas adornándolas con las grosellas reservadas.

HELADO DE FRESA

Ingredientes para 4 personas
600 gramos de fresas, 1 / 2 litro de leche, 4 huevos,
300 gramos de azúcar, 2 cucharadas de harina de maíz,
colorante vegetal rojo.

Preparación

En un cazo se pone a hervir lentamente la leche —de la que se habrá reservado una taza— junto con el azúcar durante 10 minutos. En la leche reservada se deslíen cuatro yemas y la harina de maíz, procurando que no queden grumos, y se vierten en el cazo con la leche hirviendo, cociéndolo todo junto por espacio de cinco minutos sin dejar de batir con las varillas.

A continuación, se pasa el preparado a una fuente para que enfríe, removiendo con frecuencia con una cuchara de madera que se dejará dentro de la crema. Las fresas lavadas se pasan por la batidora —reservando algunas—, agregándoles luego unas gotas de colorante desleído en un poco de agua.

Cuando la crema esté completamente fría, se incorpora el jugo —colado— obtenido de las fresas. Después se añaden tres claras batidas a punto de nieve, removiendo con cuidado para que no se bajen hasta que esté todo bien unido.

Por último, se vierte en un molde y se mete en el congelador durante dos o tres horas; antes de llevarlo a la mesa se hacen bolas de helado que se presentan en copas adornadas con las fresas reservadas. También puede distribuirse la crema en copas y servirlas una vez helada.